Peter Vary, Redaktion

unter Mitarbeit von
Ricco Mazzola und Walter Bucher

137
Basisspiel- und
Basisübungsformen
für Basketball, Fußball,
Handball, Hockey und
Volleyball

Bibliografische Information der Deutschen Nationalbibliothek
Die Deutsche Nationalbibliothek verzeichnet diese Publikation
in der Deutschen Nationalbibliografie; detaillierte bibliografische
Daten sind im Internet über http://dnb.d-nb.de abrufbar.

Bestellnummer 2374

© 1996 by Hofmann-Verlag, 73614 Schorndorf
4., überarbeitete Auflage 2008

www.hofmann-verlag.de

Zeichnungen: Pascal Honegger
Grafische Gestaltung inkl. Titelseite: Walter Bucher

Gesamtherstellung: Druckerei Hofmann, Schorndorf
Printed in Germany · ISBN 978-3-7780-2374-7

Inhaltsverzeichnis

Vorworte

Peter Vary hat auf der Basis einer mehr als 30-jährigen Unterrichtserfahrung an Schulen und Hochschulen eine Spieldidaktik entwickelt, den er hier als Produkt seiner intensiven Auseinandersetzung mit der Vermittlung von Sportspielen präsentiert. Erfahrungen als Basketballtrainer im Hochleistungsbereich wie auch als Dozent im Bereich der Unterrichtslehre und Didaktik am Institut für Sport der Universität Basel fließen in sein Konzept mit ein. Somit wird mit diesem Band ein breit abgestützter Ansatz präsentiert, der sich in der praktischen Arbeit als erfolgreich und fruchtbar erwiesen hat.

Ausgangspunkt des stufenförmigen spieldidaktischen Vorgehens Varys ist die Herstellung einer allgemeinen sportspielübergreifenden Spielfähigkeit; in diesem Anfangsstadium soll die Freude am Spielen mit dem Ball geweckt und für die Sportspiele wesentliche Grundfertigkeiten und -fähigkeiten geschult werden. Aufbauend auf dieser allgemeinen Basis gelangt Peter Vary zum Spielen mit dem Ball, dann tritt der Partner bzw. die Partnerin hinzu, schließlich das Spielobjekt, als nächster Schritt wird miteinander bzw. nebeneinander gespielt, um zum Schluss erst gegeneinander zu spielen.

Auffallend dabei ist, dass das Spiel als gemeinsamer kommunikativer Akt verstanden wird, in den – bei bewusstem Verzicht auf das anfängliche Gegeneinander – möglichst alle Spielerinnen und Spieler einbezogen und in spielnahen Handlungssituationen zu einer kreativen, sportartübergreifenden Spielhandlungsfähigkeit herangeführt werden sollen.

Wer den Autor aus seiner täglichen Unterrichtspraxis kennt, der merkt zum einen, dass gedruckte Worte nur sehr bedingt die didaktische Lebendigkeit, den mitreißenden Enthusiasmus und das pädagogische Herzblut „transportieren" können, die die praktische Arbeit Peter Varys auszeichnen. Wer hingegen weiß, welch durchschlagenden Erfolg er bei seinen Schülerinnen und Schülern mit dieser sportspieldidaktischen Methode hatte, dem kann nur nachdrücklich empfohlen

werden, sich mit der hier vorgelegten Konzeption auseinanderzusetzen und sie in der eigenen Praxis fruchtbar werden zu lassen.

Was dieses Buch über die vielen nützlichen spieldidaktischen Anregungen hinaus als wertvoll erscheinen lässt, ist die Tatsache, dass sich Schülerinnen und Schüler, die sich diesem Lehrgang unterzogen haben, durchwegs durch eine bemerkenswerte Spielfreude, eine spielerische Kreativität und ein kooperatives Spielverhalten auszeichnen – wahrlich die drei Kriterien, die sich Sportspieldidaktikerinnen und -didaktiker als Produkte einer erfolgreichen Arbeit wünschen.

Aus all diesen Gründen ist dem Ansatz von Peter Vary, eine weite Verbreitung in der Praxis zu wünschen mit dem Resultat zahlreicher spielhandlungsfähiger und spielbegeisterter Schülerinnen und Schüler.

Dr. Uwe Pühse
(Vorsteher des Instituts für Sport der Universität Basel, CH)

Zur 4. Auflage:
Peter Vary hat mir die Überarbeitung der 4. Auflage anvertraut. Ich habe einige Änderungen und Ergänzungen vorgenommen und der Verlag hat den Inhalt in das neue Layout übertragen. Die von Peter Vary entwickelte Spiel-Didaktik wird viele Lehrende und Lernende auch in Zukunft begeistern. Davon bin ich überzeugt.

Walter Bucher
(ehem. Sportdozent; Herausgeber der Reihe Spiel- und Übungsformen)

Einführung

Die vorliegende Übungs- und Spielsammlung stellt einen vollständigen Lehrgang dar. Er zeigt einen einfachen, erfolgreichen Vermittlungsweg von den „ersten Begegnungen" mit dem Ball bis zu schulgemäßen Formen der wichtigsten Sportspiele auf.

Einige Überlegungen zur Erstellung des Lehrgangskonzeptes

Sportspielvermittlung Schule und Verein

Die Resultate der anhaltenden didaktisch-methodischen Diskussion über die Sportvermittlung sind nicht sehr ermutigend. Das größte Problem bilden die kleinen Spiele, die von wenigen Ausnahmen (wie Parteiball, Wand- und Linienball, bzw. Schnurball) abgesehen, keine ausreichenden Vorerfahrungen zu den Sportspielen liefern. Am klarsten ist dieses Defizit bei den Mädchen festzustellen, die im Hinblick auf die Ballspielfähigkeit häufig nur die Vorerfahrungen von den kleinen Spielen besitzen. Im Gegensatz zu den Mädchen haben die meisten Knaben vielfältige außerschulische (Fuß-)Ballspielerfahrungen auf vollkommen natürliche Art und Weise gesammelt und haben dadurch einen völlig anderen Zugang zu den Sportspielen. Die Argumentation, dass die Sportspiele für die Mädchen viel zu schwer und ungeeignet sind, gehört zu den längst überholten Fabelmärchen sportdidaktischer Diskussionen.

Das Spiel, das Spielen

Unsere rationale Weltanschauung hat dazu geführt, dass wir das Spiel bzw. das Spielen immer aus der Sicht von Sieg und Niederlage zu deuten versuchen. Damit geht die ursprüngliche Grundidee des Spielens, nämlich die stets schwebende Spannungslage zwischen „Gelingen und Nicht-Gelingen", verloren. Ein Konzept, welches das Spielen mit dem Ball aus der Sicht des Gelingens und Nicht-Gelingens deutet, kann einerseits das vielgeforderte „Fair Play" endlich auch praxisorientiert angehen und anderseits die verlorenen Tugenden beim spielerischen Umgang mit dem Ball wieder neu entdecken.

Die (Spiel-)Handlungsfähigkeit

Spielformen und Spiele, auf welchem Anspruchsniveau auch immer (z. B. schon das Parteiball-Spiel), verlangen ein minimales Können (Technik), aber vor allem auch Erfahrungen in der Lösung von allgemeinen und speziellen Spielsituationen. Ohne Erfahrung ist dies schwierig. In Sportspielen ergeben sich oft komplizierte, schwierige, unberechenbare Handlungssituationen. Hier wird eine angepasste Handlungsfähigkeit gefordert. Fehlen hierzu die erwähnten allgemeinen und speziellen Spiel-Handlungserfahrungen, dann sind die Schülerinnen und Schüler nicht in der Lage, den Anforderungen entsprechend geschickt zu handeln bzw. zu spielen.

Lernbedingungen

Handlungserfahrungen sollten die Lernenden selber erwerben und diese auch möglichst erfolgreich erleben. Die Lehrenden müssen bemüht sein, (Spiel-)Handlungsräume bereitzustellen, in denen die Lernenden im Sinne der Selbsttätigkeit und des einsichtigen Lernens die Handlungserfahrungen, die für den späteren Vollzug des jeweiligen Spiels unerlässlich sind, erwerben können.

Schwerpunkt des Lehrganges

Diesen Vorüberlegungen folgend, habe ich diesen Lehrgang entwickelt und jahrelang praktisch erprobt. Ich habe versucht, einen direkten handlungsbezogenen Weg – den Funktionen und Strukturen der jeweiligen Spiele entsprechend – zu gehen und diesen betont frei und spielerisch zu gestalten. Dabei geht es mir besonders um die Freude am Spielen mit dem Ball und mit dem Partner.

Die direkte Auseinandersetzung mit dem Gegner wird erst in einer Phase angegangen, wo die nötigen Kompetenzen wirklich vorhanden sind und damit unnötige und hindernde Ängste vermieden werden können.

Miteinander - Nebeneinander spielen

Diese Form des Spielens ist absolut neu für diejenigen, welche beim Spielen „nur" Sieg und Niederlage sehen. Diese Sichtweise ist am Anfang schwer verständlich. Da spielen mehrere Spielende, Spielpaare, Spielgruppen (alle mit eigenen Bällen!) in einem vorbestimmten Raum – unabhängig von den anderen – nebeneinander.

Jeder Spieler, jede Spielgruppe stellen für die anderen Spielenden einen so genannten „imaginären Gegner" dar, der sich eigenständig bewegt und damit ein unberechenbares „Hindernis" für die anderen bildet, aber doch keine direkte „Bedrohung" darstellt. Daraus entstehen Spielsituationen, die dem „echten" Spiel ähnlich sind und den Spielanfängern die Möglichkeit geben, das raum-zeitliche Verhalten, das Antizipieren mit dem Ball, mit dem Partner auf das Zielobjekt angstfrei aber „kompetent" zu erlernen. Daneben entsteht ein weiterer Effekt: Nicht das (Be-)Siegen um jeden Preis steht im Mittelpunkt, sondern das Miteinander, das Aufrechterhalten des Spiels mit dem Ball und mit dem Partner – also die Freude am Vollzug des Spiels selbst.

Allgemeine Hinweise zum Lehrgang

Der Lehrgang beginnt mit dem Spielen des Balls und des Spielobjekts und führt zu einfachen, schulgemäßen Grundformen der verschiedenen Sportspiele. Er liefert die Basis für die Sportspiele, die nach Bedarf einschlägiger Literatur weiter verfeinert bzw. ausgebaut werden kann.

Beim Erlernen bestimmter Grundfertigkeiten haben wir bewusst auf gewisse Aufbaureihen verzichtet. Die sind in den meisten Fällen einschlägig bekannt oder sind leicht in anderen Sportspiellehrbüchern nachzusehen. Empfehlenswertes Nachschlagewerk bildet hierfür die 1000er Übungs- und Spielformenreihe vom Hofmann-Verlag, in welche das vorliegende Buch „eingebettet" ist. Im vorliegenden Lehrgang geht es in erster Linie darum, diese Grundfertigkeit in spielgemäßer Form situationsgerecht anzuwenden bzw. zu festigen.

Die Regeln für die einzelnen Spiele sollten der jeweiligen Situation entsprechend immer in einem Sinnzusammenhang eingeführt werden. Als Beispiel sei hier die 3-Sek.-Regel im Basketball aufgeführt: Drei 4er-Gruppen spielen nebeneinander auf einen Korb. Jeder Spieler der einzelnen Gruppe darf sich mit oder ohne Ball nur 3 Sekunden lang im Strafraum (Trapez) aufhalten. Ziel: Bewegung im Spiel, keine Ansammlung unter dem Korb, Spieldynamik. Gleichzeitig gewöhnt man sich an die 3-Sek.-Regel.

Wie die Lernenden haben auch die Lehrenden große Freiheiten und werden zur Selbsttätigkeit und zur eigenständigen Differenzierung aufgerufen. Man kann den Lehrgang entweder stufenfolgend als eine lineare Entwicklung anwenden oder einzelne Stufen wenn möglich überspringen. Man kann auch nur einzelne Bereiche für die Schulung spezieller Situationen auswählen.

Der Lehrgang wurde auf verschiedensten Schulstufen und in der Lehreraus- und -fortbildung mit großem Erfolg angewendet. Er eignet sich auch ausgezeichnet für die Vereinsarbeit mit Spielanfängern sowie für bestimmte Taktikschulungen mit fortgeschrittenen Spielerinnen und Spielern.

Dank

Für die Mitarbeit an diesem Buch möchte ich in erster Linie meinen lieben Kollegen und Freunden Walter Bucher und Rico Mazzola sowie Pascal Honegger für die zeichnerische Gestaltung recht herzlich danken. Ebenfalls danke ich den Spieldozentinnen und Spieldozenten am Institut für Sport der Universität Basel für die wertvollen Diskussionen und Hinweise.

Besonders freut mich, dass der Verlag dieses Buch in einem neuen, zeitgemäßen Layout herausgibt. Ich bin überzeugt, dass die Idee des vorliegenden Spiel-Didaktik-Konzeptes auch in Zukunft Lehrende und Lernende begeistern wird.

Peter Vary,
ehem. Sportdozent an verschiedenen Hochschulen in der Schweiz

Die 5 Lernschritte dieses Lehrganges

1   Elementare Bewegungsformen

Verschiedene einfache und sportspielspezifische motorische Aktivitäten werden in speziellen Räumen erprobt. Diese Elemente eignen sich gut für die Gestaltung des Aufwärmens.

2   Elementare und sportspielspezifische Ballbehandlungsformen

In diesem Kapitel geht es darum, eine übergreifende, ganzheitliche Erfahrung mit dem Ball zu erwerben bzw. die ersten sportspielspezifischen Ballbehandlungsformen zu erproben. Übungen aus diesem Bereich eignen sich besonders gut für den ersten Teil einer Lektion.

**3   Sportspielspezifisches Zusammenspiel
     mit passivem und aktivem Partner**

Jetzt werden Grundlagen des Zusammenspiels mit der Wand, mit Kästen etc. erlernt und mit aktiven Partnern in verschiedenen Räumen alleine oder nebeneinander erprobt.

Diese Art des Spielens eignet sich auch vor einem Spiel, damit die Spielenden auf das bevorstehende Spiel gedanklich und motorisch vorbereitet werden.

**4   Sportspielspezifisches Zusammenspiel
     unter Einbezug des Zielobjektes**

In dieser Lernphase besteht die Absicht, aus dem Zusammenspiel mit einem bzw. mehreren Mitspielenden verschiedene Zielobjekte zu treffen. Dabei werden dem jeweiligen Sportspiel typische raum-zeitliche Verhaltungsweisen erprobt, welche die Grundlagen des Sportspielfähigkeit bilden.

5   Taktisches Verhalten gegen andere

Behutsam werden in diesem Lernabschnitt die Spielenden unter Einbezug einfacher taktischer Verhaltensweisen an das Spielen gegeneinander herangeführt.

**6   Sportspiele in einfachen und schulgemäßen Formen
     (Spielregeln)**

Hier finden Interessierte einige Vorschläge für das Spielen der Sportspiele unter einfachen Verhältnissen im Anschluss an diesen Lehrgang.

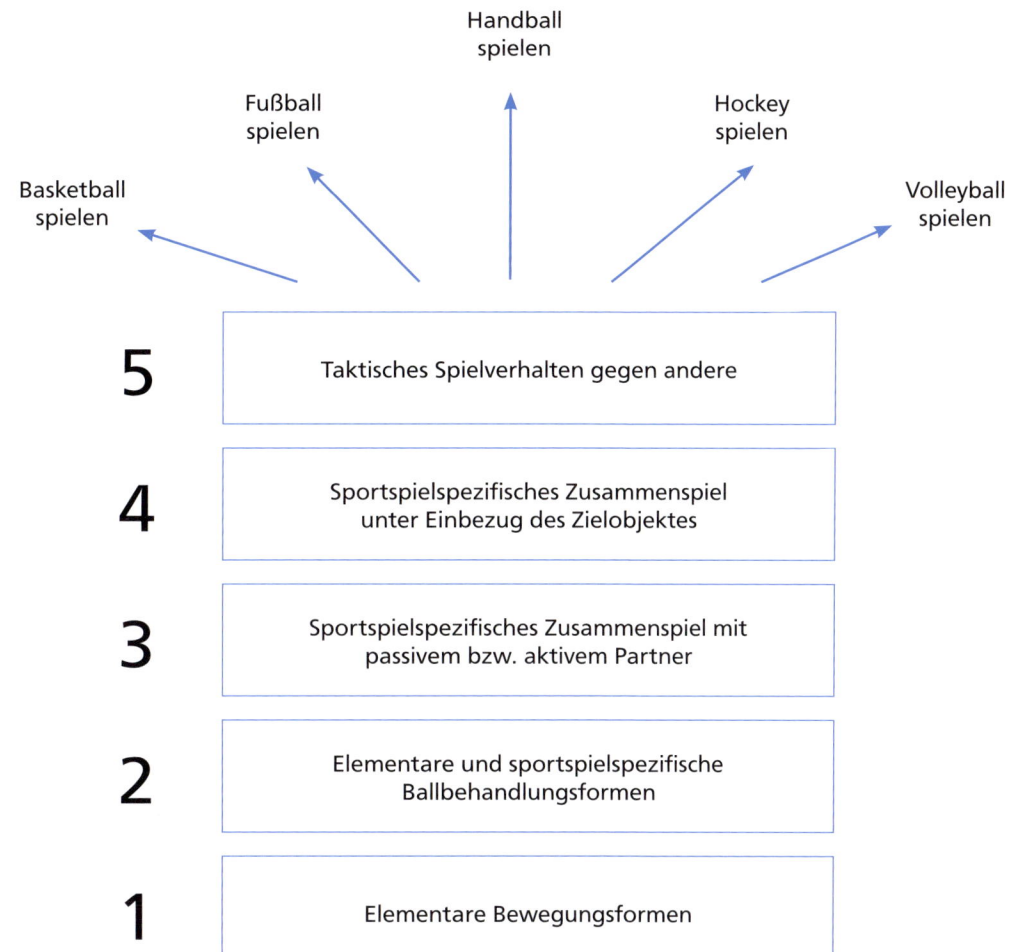

Legende

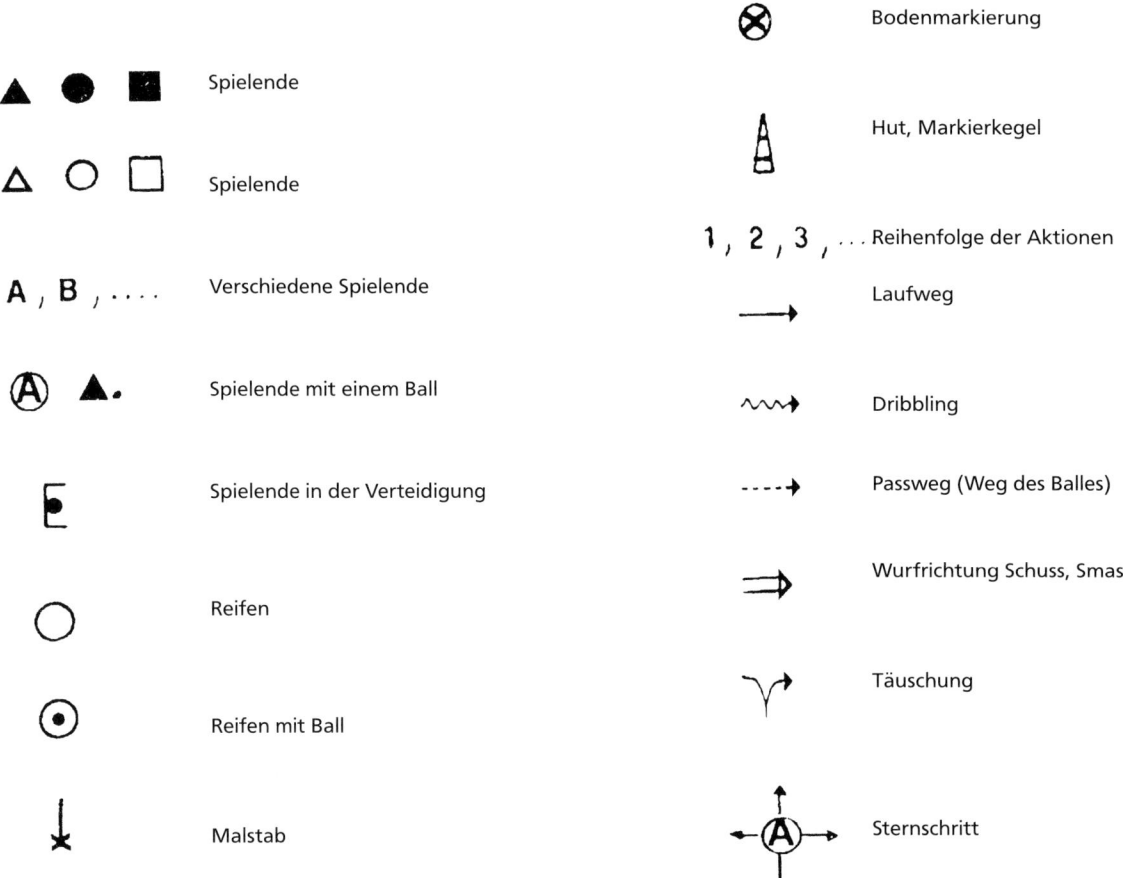

▲ ● ■   Spielende

△ ○ ▢   Spielende

A , B , ...   Verschiedene Spielende

Ⓐ ▲.   Spielende mit einem Ball

   Spielende in der Verteidigung

○   Reifen

⊙   Reifen mit Ball

   Malstab

⊗   Bodenmarkierung

   Hut, Markierkegel

1 , 2 , 3 , . . .   Reihenfolge der Aktionen

⟶   Laufweg

⟿   Dribbling

- - - →   Passweg (Weg des Balles)

⟹   Wurfrichtung Schuss, Smash

   Täuschung

Ⓐ   Sternschritt

1   Elementare Bewegungsformen

Ziele dieses Kapitels:

* Allgemeine und sportspielspezifische Körper- und Bewegungs-
  erfahrung mit besonderer Beachtung spezieller raum-
  zeitlicher Aspekte sammeln.
* Bewegungskoordination in ganzkörperlicher Hinsicht
  entwickeln.
* Die motorischen Steuerungs-, Anpassungs- und Umstellungs-
  fähigkeit fördern.
* Ein breites Bewegungsrepertoire aneignen.

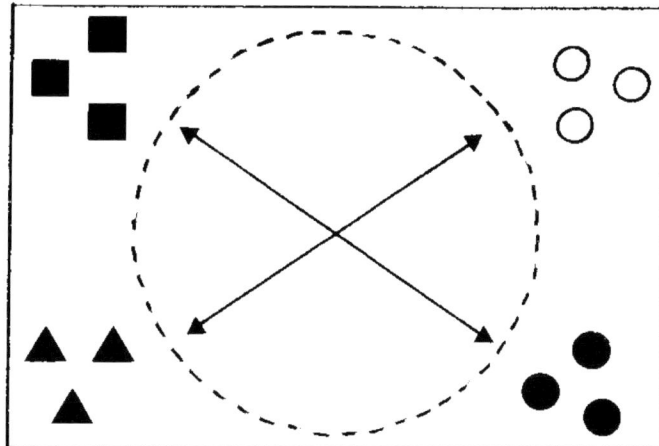

Nr.	Name der Spielform Ziele/Akzente	Idee/Beschreibung	Hinweise/Organisation
1 **Durcheinanderlauf** *Für alle Spiele* Allgemeine Bewegungs-koordination		Frei in verschiedenen, vorbestimmten Räumen (eng, weit, eckig, rund, etc.) durcheinanderlaufen. • Mit Hopserhüpfen vw, sw, rw. • Zwischendurch ein- oder beidbeinig hochspringen. • Mit Drehungen, Richtungswechseln (frei oder auf Auslösung akustischer oder optischer Signale). • An bestimmten Stellen auf Matten Rolle vw, rw ausführen und weiterlaufen.	
2 **Hindernislauf** *Für alle Spiele* Bewegungs-koordination		Im vorbestimmten Raum sind Langbänke, Kastendeckel, Matten etc. verteilt. • Über die Hindernisse laufen und springen. • Zwischen den Hindernissen zusätzliche Aufgaben ausführen: Hopserhüpfen, Nachstellschritte etc. • Hindernisse umlaufen oder mit einer halben Drehung überspringen. • Eigene Variationen.	
3 **Slalomlauf** *Für alle Spiele* Bewegungs-koordination		Slalomläufe um Malstäbe, Hüte, Matten, usw. • Slalomlaufen mit Nachstellschritten in tiefer Körperhaltung: Eine Hand berührt kurz das Hindernis. • Slalomlaufen im Wechsel mit Nachstellschritten. • Slalomlaufen mit Hochspringen/Drehung um die eigene Körperachse. • Seitwärtslaufen von Hindernis zu Hindernis. Das Hindernis mit Nachstellschritten umlaufen.	
4 **Schattenlauf zu Zweit** *Für viele Spiele* Räumliche Orientierungs-fähigkeit		Spieler B folgt Spieler A und macht die vorgezeigten Formen (z. B. Nachstellschritte, Hopserhüpfen etc.) nach. • Die Paare stehen sich gegenüber: Spiegelbildliches oder gegengleiches Verhalten. • Mit Zusatz- bzw. Mehrfachaufgaben wie Hochspringen, etwas Überspringen, halbe und ganze Drehungen, Rolle vw etc.	

Nr.	Name der Spielform Ziele/Akzente	Idee/Beschreibung	Hinweise/Organisation
5 **Schattenlauf in der Gruppe** *Für alle Spiele* Räumliche Orientierungs-fähigkeit		Ein Spieler führt eine 3er- bzw. 4er-Gruppe (lose oder kompakte Gruppenaufstellung). Wichtig: Orientierung zum Führenden und innerhalb der Gruppe. • Der Führende steht der Gruppe gegenüber: Spiegelbildliches oder gegengleiches Verhalten. • Leichtes Laufen bzw. Nachstellschritte von Matte zu Matte. • Der Führende steht innerhalb der Gruppe. Wechsel der Führungs-rolle in einer bestimmten Reihenfolge oder nach Aufruf.	
6 **Gruppenläufe** *Für viele Spiele* Raum-zeitliche Orientierungs-fähigkeit		In vorbestimmten Räumen (eng, weit, eckig, rund etc.) bewegen sich gleichzeitig mehrere Gruppen mit gleicher oder verschiedener Aufgabenstellung. Sie bilden dadurch „imaginäre Gegner". • Diagonallauf in 4 Gruppen. „Viereckaufstellung": Fortgesetzt freies Kreuzen zwischen den diagonalen Ecken. • Eine Gruppe bewegt sich mit vorgegebener Aufgabe (z. B. Hampelmannhüpfen am Ort) in einem bestimmtem Raum. Eine zweite, eine dritte Gruppe durchquert diesen Raum mit Nachstellschritten oder Hopserhüpfen etc. • Die „Hindernisgruppe" kann auch verschiedene Aktivitäten, die nicht ortsgebunden sind, ausführen (z. B. vw und rw laufen, sich seitlich hin- und herschieben etc.) und die Aufgabe der anderen Gruppe(n) zusätzlich erschweren.	
7 **Spielfeldläufe** *v. a. Handball* Spezielle raum-zeitliche Orientierungs-fähigkeit		Zwischen Freiwurflinie und Strafraumlinie bewegt sich Gruppe A von ca. 6–8 Spielenden frei durcheinander. Gruppe B läuft durch diesen Raum und macht Fall- oder Sprungwürfe (ohne Ball) auf im Strafraum liegende Matten. • Gruppe A (Verteidiger) stellt sich in dieser Zone (Abstand voneinander = 1 Armlänge) auf und bewegt sich gemeinsam mit Nachstellschritten nach links und rechts (Rhythmisierung z. B. auf 4 Zeiten). Gruppe B versucht durch entstehende Lücken durchzubrechen und Fall- bzw. Sprungwürfe auszuführen. • Gruppe A steht mit den Händen auf dem Rücken am Kreis und versucht, Gruppe B 'aktiv' zu stören. Durch Stoppen, Ausweichen oder Antäuschen des Laufweges und durch Tempowechsel versucht Gruppe A, Lücken zu schaffen.	

Nr.	Name der Spielform Ziele/Akzente	Idee/Beschreibung	Hinweise/Organisation
8	**Spielfeldläufe** *v. a. Basketball* Spezielle raum-zeitliche Orientierungs-fähigkeit	• Um das Trapez steht eine Gruppe (ca. 8–10 Spielende), die versucht, fortlaufend von allen Seiten das Trapez zu durchlaufen, ohne miteinander zusammenzustoßen. • Im Raum des Trapezes ist eine Gruppe von 5–6 Spielern, die sich mit Seitwärtshüpfen gleichzeitig hin und her bewegt. Eine weitere Gruppe von 5–6 Spielern versucht, durch die entstehenden Lücken durchzulaufen. • Die „Hindernisgruppe" bewegt sich frei im Raum des Trapezes, während die andere Gruppe Korbleger, Sprungwürfe, Rebounds etc. in Richtung Korb imitiert.	
9	**Spielfeldläufe** *v. a. Volleyball* Spezielle raum-zeitliche Orientierungs-fähigkeit	In einer Hälfte des Volleyballfeldes (oder in ähnlichem Raum) sind Matten verteilt. 5–6 Spieler bewegen sich frei im Raum und machen auf den Matten jeweils eine Rolle vw oder einen Hechtsprung zur Liegestütz. • Var.: Nach der 'Aktivität' auf der Matte springt man am Ort hoch bzw. läuft zur Netzlinie und macht einen Blocksprung oder einen Sprung mit Smashbewegung. In der Hälfte des Volleyballfeldes sind Hüte verteilt. 5–6 Spieler laufen in diesem Feld herum (z. B. mit Nachstellschritten)und berühren die Hüte mit ausgestrecktem Arm (tiefer Ausfallschritt). • Var.: Bei den Hüten imitiert man einen Smashsprung. • Var.: Nach dem Berühren von 1–3 Hüten läuft man zur Netzlinie und macht einen Block- oder Smashsprung. • Var.: Neben den Hüten sind noch 3–4 Matten auf dem Feld verteilt. Nun kann man die Aktivitäten beliebig verbinden. Beispiel: Sich mit Nachstellschritten bewegen, 1–2 Hüte in tiefer Ausfallschrittstellung berühren, auf der Matte eine Rolle vw machen, zur Netzlinie laufen und einen Blocksprung ausführen etc. • Eigene Variationsformen entwickeln (lassen).	

2   Elementare Ballbehandlung

Ziele dieses Kapitels:

- Eine ganzheitliche „Ballbehandlungsfähigkeit" entwickeln.
- Die Kreativität und das Improvisationsvermögen fördern.
- Die Freude am spielerischen Umgang mit Spielobjekten entwickeln und fördern.

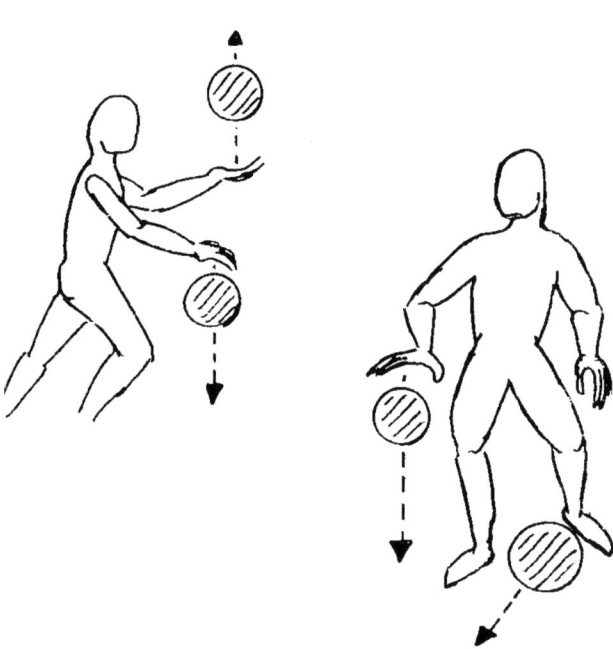

Nr.	Name der Spielform Ziele/Akzente	Idee/Beschreibung	Hinweise/Organisation
10	**Rollende Bälle** *Für alle Spiele* Koordination	• Den Ball frei in der Halle rollen: Mit einer Hand, beidhändig, an Linien entlang, in bestimmten Räumen. • Enge und weite Ballführung (Balltreiben). • Den Ball um ein Hindernis rollen oder führen. • In der Gruppe verschiedene Bälle rollen oder führen (Ballwechsel auf optisches oder akustisches Zeichen). • Den Ball mit verschiedenen Körperteilen rollen oder führen (z. B. Hand, Kopf, Fuß, Knie etc.) • Den Ball mit dem Fuß bzw. verschiedenen Fußteilen (Sohle, Innen- oder Außenseite, Rist, Ferse) führen (am Ort oder in Bewegung). • Den Ball ...	
11	**Bälle mit dem Hockey-Schläger rollen** *Hockey* Koordination mit Hockeyschläger	• Den Ball im Gehen einhändig mit der Schaufelinnen- bzw. Schaufelaußenseite vor sich herschieben. • Den Ball im Gehen weit/eng hin- und herrollen. • Den Ball mit aufgestellter Schaufel hin- und herrollen. • Den Ball kniend mit dem Stockstiel hin- und herrollen. • Den Ball mit der Schaufel in Achterform um die eigenen Beine rollen. • Den Ball im Slalom um Markierungen führen. • Den Ball ...	
12	**Bälle Prellen** *Für alle Spiele* Prellformen	• Den Ball mit verschiedenen Körperteilen (offene Hand, Handrücken, Faust, Finger, Unterarm, Ellbogen, Kopf etc.) prellen. • Den Ball ,hart' prellen. • Den Ball ,weich' prellen. • Den Ball über Hindernisse hinweg und auf Hindernissen prellen. • Zwei Bälle mit den Händen synchron oder gegengleich prellen. • Den einen Ball hochspielen und gleichzeitig den anderen prellen. • Den Ball hoch prellen • Den Ball tief prellen • Den Ball 1x hoch, dann 1x tief prellen	

Nr.	Name der Spielform Ziele/Akzente	Idee/Beschreibung	Hinweise/Organisation

13

Bälle oder Geräte balancieren

Für alle Spiele

Körpergefühl durch Balancieren erleben

- Den Ball mit verschiedenen Körperteilen (z. B. Handrücken, Fuß, Nacken etc.) balancieren.
- Den Ball auf oder um verschiedene Körperteile (z. B. Fingerspitzen, Hand, Arm etc.) rollen.
- Den Ball mit dem Hockeystock vom Boden auf die Schaufelseite laden und balancieren.
- Hockeyschläger/Tennisschläger (Stockende) auf verschiedenen Körperteilen balancieren (z. B. Handfläche, Handrücken, Stirne, Fuß, Knie etc.).

14

Bälle Jonglieren

Für alle Spiele

Körpergefühl durch Balancieren erleben

Den Ball an Ort oder in Bewegung mit verschiedenen Körperteilen jonglieren (Handrücken, Handfläche, Faust, Unter- und Oberarm, Schulter, Kopf, Innen- und Außenrist, Oberschenkel, Fußspitze, Ferse etc.).

- Verschiedene Bälle/Geräte: Ballons, Wasserbälle, Softbälle, Jongliertücher etc.
- Bälle gleichzeitig oder abwechselnd von der einen in die andere Hand werfen.
- Bälle gleichzeitig hochwerfen, so dass sie in der Mitte zusammen-stoßen und mit der gleichen Hand wieder fangen.
- 2 Bälle mit beiden Händen im Uhr- oder Gegenuhrzeigersinn kreisen lassen.
- 2 Bälle mit einer Hand nacheinander hochspielen, wobei der eine Ball die Hand verlässt, wenn der andere Ball den höchsten Punkt erreicht hat.
- Jonglieren mit 3 Bällen: Ausgangsstellung: Zwei Bälle in der einen und einen Ball in der anderen Hand.
  - Beginn immer mit derjenigen Hand, wo 2 Bälle sind.
  - Bälle werden nacheinander von der einen in die andere Hand geworfen.
  - Bälle werden auf einer Kreisbahn im Uhrzeiger- oder Gegenuhr-zeigersinn geworfen.
- Ball vom Boden seitlich auf die Hockeyschaufel laden und jonglie-ren. Schaufelseite jedesmal wechseln (Handgelenksbeweglichkeit).

Nr.	Name der Spielform Ziele/Akzente	Idee/Beschreibung	Hinweise/Organisation

15

Bälle werfen und fangen

Für viele Spiele

Körperkoordination

- Einen Ball hochwerfen und ihn im Sprung, in der Hocke oder im Sitzen wieder fangen. Zusatzaufgaben wie halbe oder ganze Drehung etc. einbauen.
- Einen Ball mit ausgestrecktem Arm über den Kopf in die andere Hand werfen (im Sitzen, Kniestand, in der Hocke etc.).
- Ball im Sitzen hochwerfen und im Stand oder im Sprung fangen.
- Ball von hinter dem Rücken über den Kopf hinweg nach vorne werfen und fangen (auch umgekehrt probieren).
- Einen Ball mit einer Hand hinter dem Rücken über eine Schulter nach vorne werfen und fangen.
- Den Ball auf den Boden prellen und ihn im Stehen, Sitzen, Liegen etc. wieder fangen.
- Weitere Wurf- und Fangarten zu zweit ‚erfinden' lassen.

16

Bälle prellen mit Zusatzaufgaben

Für viele Spiele

Koordination und peripheres Sehen

A und B bilden ein Team. Während A Bewegungsabläufe, Parcours o. Ä. vormacht, muss B versuchen, dieselbe Aufgabe entweder sofort oder zeitlich verschoben nachzuvollziehen, aber gleichzeitig immer einen Ball prellen. Nach einer gewissen Übungszeit die Aufgaben wechseln.

- Parcours: A läuft voran und B folgt – immer mit Ballprellen
- Geräteparcours: A übersteigt, überklettert, kriecht unter Geräten... und B versucht immer, A zu folgen, ohne den Ball zu verlieren. Ist die Aufgabe für B zu schwierig (z. B. Überklettern eines Gerätes), dann prellt B einmal kräftig, führt die Bewegungsaufgabe schnell aus und versucht danach, den geprellten Ball nach möglichst wenigen Bodenkontakten wieder zu übernehmen und weiterzuprellen.
- Gedächtnisparcours: A läuft einen Parcours, während B den Ball prellt. Sobald A den Parcours absolviert hat, wird der Ball B übergeben. Nun prellt A den Ball an Ort und beobachtet, ob B den vorgezeigten Parcours richtig absolviert. Wechsel.
- Auch beide (A und B) mit je einem Ball; beide prellen.
- Verfolgungsläufe, Fangspiele usw., aber immer mit gleichzeitigem Ballprellen.
- Eigene Ideen entwickeln.

3 Sportspielspezifische Ballbehandlung

Ziele dieses Kapitels:

- Eine sportspielübergreifende „Ballbehandlungsfähigkeit" mit den einfachsten Ballbehandlungstechniken der Sportspiele entwickeln und festigen.
- Die Grundlagen für eine allgemeine, ganzheitliche Ballspielfähigkeit erwerben ...
  ... durch Veränderung des Handlungsraumes.
  ... durch Variieren der Aufgabenstellung.
  ... durch Verbindung der einzelnen sportspielspezifischen Spielobjektbehandlungstechniken.

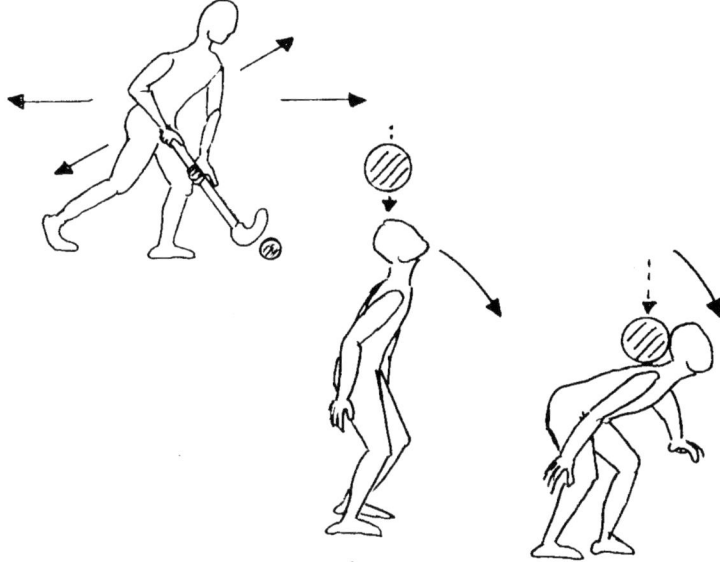

1

2

Nr.	Name der Spielform Ziele/Akzente	Idee/Beschreibung	Hinweise/Organisation

17

Prell-Festival

Basketball

Spielerisches Aneignen elementarer Fertigkeiten des Prellens und diese in einfachen spielähnlichen Situationen erproben

- Hohes und tiefes Prellen am Ort und in Bewegung.
- Prellen vw und rw in Vorschrittstellung mit Nachstellschritten (sowohl links- als auch rechtshändig ausführen).
- Im Slalom zwischen Malstäben. Die Spieler befinden sich stets zwischen Malstab und Ball (Decken des Balles).
- Alle Spieler prellen frei in der Halle, im Wechsel mit Prellen auf engem Raum. Den Ball decken und den ‚imaginären' Gegnern ausweichen.
- Prellen mit geschlossenen Augen am Ort und in Bewegung vw und sw (‚Erfühlen' des Balles).
- Geschicklichkeit beim Prellen:
  – zwischen den Beinen, hinter dem Rücken prellen.
- Einführung Täuschung sw:
  Ununterbrochenes Prellen vor einem Reifen oder Malstab:
  – Ausfallschritt sw und zurück ausführen (der Oberkörper begleitet die Bewegung sw, das Standbein bleibt am Ort).
  – Nach dem Ausfallschritt sw folgt ein Schritt mit dem gleichen Bein vw am Reifen oder Malstab vorbei.
- Jeweils zwei Spieler prellen aufeinander zu, führen eine Täuschung nach links aus und brechen rechts nebeneinander durch (beidseitig ausführen).
- Einführung Täuschung mit dem Rücken zum Gegner:
  – Auf einen Reifen zuprellen. Vor dem Reifen in Vorschrittstellung (rechts prellend/linke Vorschrittstellung) kurz anhalten. Gewicht auf das vordere Bein verlagern, mit dem Kopf, Rumpf und dem hinteren Bein eine ca. 90°-Drehung ausführen und den Ball nun mit der linken Hand dicht am Reifen vorbeiprellen (alles auch gegengleich ausführen).
  – Täuschungen auf beide Seiten an in der Halle verteilten Reifen erproben.
  – Zwei Spieler prellen mit der gleichen Hand aufeinander zu und machen gleichzeitig eine Täuschung.
- In der Halle sind mehrere Reifen verteilt. Kombination von Prellen und von verschiedenen Täuschungen (von Reifen zu Reifen variieren). Mehrere Spieler prellen ihren Ball gleichzeitig ‚nebeneinander' in einem bestimmten Raum (Ballbeherrschung und raumzeitliche Orientierung/Blick vom Ball lösen).

Nr.	Name der Spielform Ziele/Akzente	Idee/Beschreibung	Hinweise/Organisation

18

**Dribbling
an Ort und in der
Fortbewegung**

Fußball

Spielerisches Aneignen elementarer Fertigkeiten des Dribblings und diese in einfachen spielähnlichen Situationen erproben

- Den Ball mit der Sohle zurückziehen und ihn mit dem durchgestreckten Rist (Voll- oder Außenrist) nach vorne rollen und mit der Fußsohle stoppen (links und rechts im Wechsel).
- Den Ball mit einem Fuß um das Standbein führen.
- Den Ball mit der Innenseite des rechten und linken Fußes hin und herrollen, mit Rhythmuswechsel (schnell/langsam). Am Ort oder in Bewegung (vw, rw, sw).

Variationen:
- Dazwischen den Ball mit der Sohle zurückziehen und ihn mit der Innenseite seitwärts zum anderen Fuß rollen.
- Den Ball mit der Sohle seitwärts nach außen rollen und ihn mit der Innenseite desselben Fußes stoppen.
- Den Ball mit dem Fuß umkreisen (re und li herum), ohne den Ballkontakt zu verlieren.
- Den Ball mit der Fußsohle seitwärts von außen nach innen rollen, so dass das Spielbein das Standbein überkreuzt.
- Führen des Balles im Kreise mit dem rechten und linken Innen- oder Außenrist, wobei der Ball bei jedem Schritt auf der Höhe des Standbeines berührt bzw. gespielt werden soll.
- Achterlauf um zwei Malstäbe mit und ohne Spielbeinwechsel.
- Ballführen im Slalom (eng/weit): Ballführen im Zick-Zacklauf. Vorgeben, wie viele Male der Ball vor einem Richtungswechsel gespielt werden muss. Beidseitig spielen.
- Einführung einer einfachen Täuschung (Schere):
  Mit einem Fuß von innen nach außen über den Ball ,steigen' und ihn mit der Außenseite des anderen Fußes wegführen.
- Jeweils zwei Spieler dribbeln aufeinander zu und führen die zuvor eingeübte Täuschung gleichzeitig (spiegelbildlich) aus.
- Mehrere Spielende dribbeln mit ihren Bällen am Fuß in einem bestimmten Raum ,nebeneinander'. Die eigene Ballführung den verschiedenen Situationen anpassen (Raumzeitliche Orientierung, Ballbeherrschung, Blick vom Ball lösen).

3

Nr.	Name der Spielform Ziele/Akzente	Idee/Beschreibung	Hinweise/Organisation

19

Verschiedene Fang- und Prellformen

Handball

Spielerisches Aneignen elementarer Fertigkeiten des Prellens und diese in einfachen spielähnlichen Situationen erproben

- Den Ball am Ort und in Bewegung in verschiedenen Rhythmen prellen, im Wechsel mit der linken und rechten Hand.
- Prellen in Verbindung mit peripherem Sehen: Während des Prellens verschiedene Fixpunkte wie Türe, Wand, Lampen etc. anschauen.
- Dem rollenden Ball nachlaufen, diesen im Laufen mit beiden Händen aufnehmen und in der Vorwärtsbewegung weiterprellen.
- Den Ball im Slalom um Malstäbe herumprellen (mit Handwechsel).
- Einführung einer einfachen Seitwärtstäuschung: Den Ball auf einen Reifen zuprellen. Kurz vor dem Reifen einen seitlichen Ausfallschritt ausführen und danach auf der anderen Seite neben dem Reifen vorbeiprellen (Handwechsel/beide Seiten erproben).
- In der Halle sind Reifen verteilt. Die Spielenden prellen frei in der Halle und führen jeweils vor einem Reifen eine Seitwärtstäuschung aus (besonders den Rhythmuswechsel beachten: Ruhig auf den Reifen zuprellen, schnell antäuschen und schnell am Reifen vorbeiprellen).
- Zwei Spielende prellen mit der gleichen Hand aufeinander zu. Beim Aufeinandertreffen führen beide eine schnelle Seitwärtstäuschung (Rechtshänder nach links) aus und prellen schnell aneinander vorbei.
- Mehrere Spielende prellen ihren Ball in einem bestimmten Raum ‚nebeneinander' (raumzeitliche Orientierung, Körper- und Ballbeherrschung/Blick vom Ball lösen). Bei jeder Begegnung wird etwas gesagt, eine Geste gezeigt, in die Augen geschaut, ein Spaß gemacht usw.

Nr.	Name der Spielform Ziele/Akzente	Idee/Beschreibung	Hinweise/Organisation

20

Hockeyähnliche Spiele

Hockey

Spielerisches Aneignen elementarer Fertigkeiten mit Hockeyschläger und diese in einfachen spielähnlichen Situationen erproben

- Ball/Puck im Stand dribbeln.
- Den Ball/Puck abwechselnd im Stand links vom Körper, vor dem Körper, rechts vom Körper dribbeln (gute Armarbeit beachten).
- Den Ball/Puck in Bewegung vw - rw - sw dribbeln.
- Gleichzeitig mit Ball und Puck im Vorwärtsgehen dribbeln (Gleichzeitiges kontrollieren zweier Spielobjekte).
- Den Ball/Puck ein- oder beidhändig vor sich herschieben (Tempo variieren).
- Den Ball/Puck mit der Schaufel (Vor- und Rückhand) auf einer Kreislinie schieben;
  – mit Dribbling.
  – Richtungswechsel auf optisches oder akustisches Signal.
- Den Ball/Puck im Rückwärtslauf einhändig mit der Schaufel zurückziehen (Laufwege variieren).
- Den Ball/Puck im Stand dribbeln und langsam eine ganze Drehung ausführen.
- Mehrere Spielende dribbeln mit dem eigenen Ball/Puck in einem bestimmten Raum ,nebeneinander' (raumzeitliche Orientierung, Körper- und Spielobjektbeherrschung/Blick vom Spielobjekt lösen).

Solche und ähnliche Formen eignen sich auch für den Anfangsunterricht im Eishockey. Vgl. dazu 1007 Spiel- und Übungsformen im Eishockey!

Nr.	Name der Spielform Ziele/Akzente	Idee/Beschreibung	Hinweise/Organisation

21

Den Ball Volley spielen, jonglieren

Volleyball

Spielerisches Aneignen elementarer Fertigkeiten und diese in einfachen spielähnlichen Situationen erproben

- Einen Volleyball (Softball) mit dem Unterarm (Handfläche nach oben/Handfläche nach unten) in der Luft halten (am Ort und in Bewegung). Zuerst mit einem Arm, später abwechselnd links und rechts. Gleiche Übung nur mit dem Handrücken ausführen.
- Einen Volleyball (Softball) mit dem Knie nach oben spielen, evtl. fangen und neu beginnen.
- Einen Volleyball (Softball) mit dem Unterarm, Handrücken oder Knie abwechselnd jonglieren.
- Einen Volleyball (Softball) mit oberem Zuspiel in der Luft halten (‚unsaubere' Berührungen sind erlaubt).
- Einen Volleyball (Softball) mit der Stirn jonglieren. Vereinfachung: Ball leicht aufwerfen und einmal mit der Stirn hochspielen.
- Einen Volleyball (Softball) mit oberem Zuspiel und Stirn jonglieren.
- Einen Volleyball (Softball) mit einer Schulter hochspielen. Mehrmals hintereinander versuchen.
- Einen Volleyball (Softball) mit verschiedenen Körperteilen (Handrücken, Unterarm, Knie, Schulter, Kopf etc.) in der Luft halten. Am Ort und in Bewegung. Diese Übungen können mit Zusatzaufgaben wie Drehungen, Rollen oder Jonglieren im Sitz oder Liegen kombiniert werden.
- Manchette*/Zuspiel senkrecht spielen und fangen.
- Den Ball auf den Boden prellen und Manchette/Zuspiel ausführen und den Ball fangen.
- Fortlaufend Manchette/Zuspiel mit verschiedenen Flugbahnen (tief-hoch).
- Fortlaufend Manchette/Zuspiel mit Drehungen.
- Fortlaufend Manchette/Zuspiel mit Lösen des Blicks vom Ball (peripheres Sehen).
- Manchette/Zuspiel in einem bestimmten Raum, einer Linie entlang oder zum Netz (Orientierung im Raum).
- Manchette / Zuspiel in einem bestimmten Feld, gleichzeitig mit anderen Spielenden.

* Begriffserklärungen Deutschland – Schweiz:
Manchette = Bagger;
Oberes Zuspiel = Zuspiel = Pritschen

Nr.	Name der Spielform Ziele/Akzente	Idee/Beschreibung	Hinweise/Organisation

22

Kombinationsformen

Für alle Spiele

Kombination der einzelnen sportspielspezifischen Ballbehandlungs-formen

- Einen Luftballon mit verschiedenen Körperteilen balancieren und gleichzeitig einen Ball prellen und dribbeln.
- Einen Ball mit einer Hand hochwerfen und fangen, den anderen Ball prellen und dribbeln.
- Einen Ball am Fuß führen, dribbeln, den anderen prellen.
- Einen Ball mit Hand oder Kopf balancieren, den anderen prellen oder dribbeln.
- Eine Gruppe führt die Bälle am Fuß in einem vorbestimmten Raum, die andere Gruppe prellt ihre Bälle im gleichen Raum.
- Wie oben, aber auf Zuruf wechseln die Gruppen ihre Aktivitäten.

- Drei Gruppen sind im gleichen Feld: Die erste Gruppe hält ihre Bälle mit Volley-Zuspielformen in der Luft, die zweite Gruppe führt ihre Bälle am Fuß, die dritte Gruppe prellt ihre Bälle (auch mit Wechseln der Aktivitäten auf akustisches oder optisches Zeichen).

- Jonglieren: ‚Das Zehnerlein':
  - 10-mal abwechslungsweise den Ball mit dem linken und rechten Handrücken (Unterarm) hochspielen.
  - 9-mal mit dem oberen Zuspiel.
  - 8-mal abwechslungsweise mit dem oberen Zuspiel und Kopf (Schulter, Handrücken).
  - 7-mal mit dem Kopf.
  - 6-mal mit den Knien.
  - 5-mal mit den Füßen.
  - 4-mal hochwerfen und hinter dem Rücken fangen, dazwischen den Ball mit dem Kopf hochspielen.
  - 3-mal hinter dem Rücken aufwerfen und vorne fangen.
  - 2-mal mit der Schulter.
  - 1-mal aufwerfen und mit dem Nacken fangen.

- Von den Teilnehmenden eigene Zehnerlein-Formen ‚erfinden' lassen.

4   Sportspielspezifisches Zusammenspiel

Ziele dieses Kapitels:

- Raum-zeitliche Orientierung (sich anbieten, freistellen, freilaufen) in Bezug auf den Ball und den Partner entwickeln.
- Timing und Antizipation verbessern.
- Spielhandlungsmuster erleben, erfahren und festigen, welche später als elementare Grundlage bei der Sportspielfähigkeit wichtig sind. Dies sind wesentliche Elemente der Sportspiel-erfahrung, schulen das Sportspielgedächtnis und haben in der Hierarchie der Handlungsplanung (Wahrnehmen – Entscheiden – Handeln) einen wichtigen Stellenwert.
- Die vier Hauptthemen dieses Kapitels sind:
  - Das volleyballartige Zusammenspiel.
  - Das Zusammenspiel mit Werfen, Fangen, Prellen und Schlagen.
  - Das Zusammenspiel mit Fuß und Kopf.
  - Kombinationen dieser einzelnen Elemente.
- Das Kapitel ist gegliedert in:
  - Das Zusammenspielen mit einem passiven Partner, mit Wand und Kasten usw.
  - Das Zusammenspielen mit einem aktiven Partner.
  - Das Zusammenspielen mit mehreren Partnern.

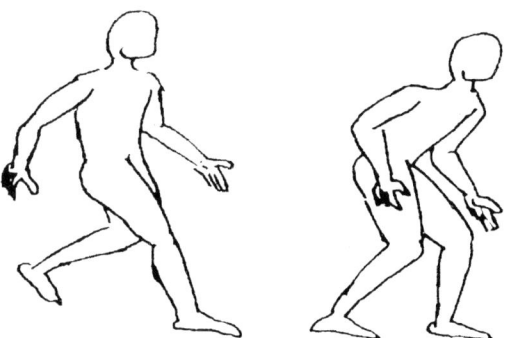

Nr.	Name der Spielform Ziele/Akzente	Idee/Beschreibung	Hinweise/Organisation

23

Sternschritt Einführung

Basketball

Elementare Zuspielarten mit bzw. neben passiven Mitspielenden oder mit der Wand erlernen

• In der Halle liegen mehrere Reifen verteilt. In jedem Reifen liegt ein Ball. Die Spielenden laufen frei in der Halle herum und stoppen in der Vorschrittstellung neben den Reifen (Rechtshänder mit Vorschrittstellung links).
– Nach dem Stoppen führen sie sternförmige Schritte mit einer ganzen Drehung um das hintere Bein aus und setzen danach den Lauf fort.
Achtung: Es wird auf dem Standbeinfußballen ,gedreht'!
– Nach dem Stoppen nehmen sie den Ball aus den Reifen und führen Sternschritte mit einer ganzen Körperdrehung aus und prellen mit dem Ball zum nächsten freien Reifen. Hier stoppen sie in der Vorschrittstellung (Rechtshänder Vorschrittstellung links) und führen einige Sternschritte aus. Danach legen sie den Ball in den Reifen und setzen ihren Lauf bis zum nächsten Reifen fort.

24

Spielen mit der Wand

Basketball

Elementare Zuspielarten mit bzw. neben passiven Mitspielenden oder mit der Wand erlernen

• Den Ball aus dem Stand mit Kern- oder Druckwurf gegen die Wand spielen.
Rechtshänder stehen in der rechten Vorschrittstellung (Standbein rechts) und machen gleichzeitig mit der Wurfbewegung einen Schritt links nach vorne.
• Gleiche Übung, nur der Wurf an die Wand erfolgt über den Boden.
• Freies Prellen in der Halle. In der Nähe der Wand stoppen, den Ball mit beiden Händen fangen, zuerst Sternschritte, dann ein ,Zuspiel' an die Wand ausführen.
• Den Ball im Stand prellen und ein Kegelzuspiel gegen die Wand ausführen; auch aus dem freien Prellen.
• Auch mit der „schwächeren" Hand üben.
• Links-Rechts-Kombinationen ausführen.

Nr.	Name der Spielform Ziele/Akzente	Idee/Beschreibung	Hinweise/Organisation

25

Spiel im Hindernis-Garten

Basketball

Das Erlernte in einer einfachen, spielähnlichen Situation erproben

- In einem begrenztem Raum, z. B. einer Hallenhälfte, sind mehrere Kästen verteilt. Alle Spielenden prellen frei in diesen Raum und versuchen, die gelernten Zuspielarten gegen die Wand oder gegen die Kästen auszuführen.
  - Den zurückprallenden Ball fangen und das Prellen fortsetzen.
  - Vor dem Zuspiel Sternschritte ausführen.
  - Auch nach dem Fangen des Balles Sternschritte ausführen, bevor man mit Prellen beginnt.
  - Beim Prellen verschiedene Täuschungen, Rhythmuswechsel (schnell, langsam), sowie hohes bzw. tiefes Prellen ausführen.
  - Alle Varianten mit den verschiedenen Zuspielformen verbinden.

26

Ballprobe gegen die Wand

Fußball

Elementare Zuspielarten an die Wand erlernen und üben

- Den Ball aus dem Stand mit Innen- oder Außenrist flach gegen die Wand spielen und den zurückrollenden Ball mit der Sohle, dem Innen- oder dem Außenrist stoppen.
- Den Ball mit Dropkick gegen die Wand spielen.
- Den Ball flach an die Wand spielen und den zurückprallenden Ball mit dem Fußrist hochspielen.
- Den Ball mit dem Fuß hoch an die Wand spielen und den zurückprallenden Ball nach einmaligem Prellen oder direkt nach Bodenkontakt stoppen.
- Den Ball in ein an der Wand markiertes Feld spielen.
- Frei in der Halle dribbeln und den Ball immer wieder auf verschiedene Arten an die Wand spielen. Den Ball immer kontrolliert annehmen.
- Den Ball aus der Hand volley halbhoch mit der Innenseite oder dem Rist gegen die Wand spielen, und wieder fangen.
- Den Ball hochwerfen, aufspringen lassen und gegen die Wand spielen.
- Den Ball zur Seite werfen und aus der Drehung (Hüftdrehschuss) gegen die Wand spielen.
- Den Ball aus der Hand hoch an die Wand spielen und weich mit dem Fuß, Kopf, Oberschenkel oder Brust aus der Luft annehmen.
- Den Ball mit der Hand aufwerfen und mit dem Kopf im Stand oder Sprung gegen die Wand spielen.
- Den Ball fortgesetzt mit dem Kopf gegen die Wand spielen.
- Den aufspringenden (zurückprallenden) Ball ununterbrochen gegen die Wand spielen.

4

Nr.	Name der Spielform Ziele/Akzente	Idee/Beschreibung	Hinweise/Organisation

27

Spielen im Hindernisgarten

Fußball

Weiche und präzise Zuspiele in einer einfachen spielähnlichen Situation erproben

- In einem begrenzten Raum, z. B. einer Hallenhälfte, sind mehrere Kästen oder seitlich umgelegte Langbänke verteilt. Alle Spielenden dribbeln frei mit ihren Bällen und spielen ihre Bälle an die Wand, an die Kästen oder an die Langbänke.
Wichtig: Das kontrollierte Annehmen des zurückprallenden Balles.
  - Zuspiel an die Hindernisse nur nach Abstoppen des Balles.
  - Im freien Dribbling verschiedene Formen und Täuschungen ausführen.
  - Ball aus eigenen freien Kombinationen an die Hindernisse spielen.
Achtung: Die Stellung der anderen Spielenden beachten/Aktionen je nachdem verzögern, um anderen Spielenden auszuweichen etc.

28

Spiel mit der Wand

Handball

Spielen mit dem Ball im Hindernisgarten und in einfachen spielähnlichen Situationen erproben

- Den Ball einhändig (Kernwurf) gegen die Wand werfen und fangen. Auch mit Zusatzaufgaben, z. B. Fangen des Balles nach einer Rolle vw, nach einer Drehung etc.
- Den Ball über den Boden an die Wand werfen und fangen.
- Den Ball aus einem 3-Schritt-Anlauf (Rechtshändige: li - re - li) im Sprung gegen die Wand werfen.
- Absprung mit Hilfe von Kastendeckeln und Langbänken betonen und einen Sprungwurf gegen die Wand ausführen.
- In einem bestimmten Raum, z. B. einer Hallenhälfte, sind Kastenoberteile bzw. Langbänke in Wandnähe verteilt. Alle prellen mit ihren Bällen frei in diesem Raum und spielen ihn an die Wand bzw. an die Kästen.
  - Es werden zusätzlich Sprungwürfe vom Kastendeckel oder der Langbank gegen die Wand ausgeführt.
  - Beim freien Prellen in der Halle werden einfache Körpertäuschungen erprobt.
  - Aus eigenen freien Kombinationen heraus wird um und auf die Hindernisse gespielt.
  Achtung: Immer Position der Mitspielenden beachten. Ausweichen bzw. Ballabgabe verzögern.
  - Eigene Variationen ausprobieren lassen.

Nr.	Name der Spielform Ziele/Akzente	Idee/Beschreibung	Hinweise/Organisation
29			

4

Verschiedene Spiele

Hockey

Spielen mit der Wand

- Den Ball/Puck aus ca. 5 m Distanz mit Vor-/Rückhand an die Wand spielen, danach wieder annehmen, sich ca. 3 m seitwärts verschieben und erneut gegen die Wand spielen. Später auch aus fortgesetztem Dribbeln.

- Den Ball/Puck mit Vor- und Rückhandzuspielen zwischen 2 Langbankreihen (Sitzfläche seitlich umgelegt) durch die „Gasse" führen (Distanz zwischen beiden Langbänken ca. 5–6 m).

- In einer Hallenhälfte sind aufgestellte Kastendeckel oder seitlich umgelegte Langbänke verteilt. Die Spielenden dribbeln ihren Ball/Puck um die Hindernisse herum, spielen ihn gegen einen Kastendeckel, eine Langbank oder die Wand, nehmen ihn wieder an und setzen das Dribbling fort. Vor allem beim Zuspiel auf die Hindernisse müssen die Stellungen der Mitspielenden beachtet werden. Zuspiele dürfen nur dann erfolgen, wenn die ‚Passzone' frei ist.

Nr.	Name der Spielform Ziele/Akzente	Idee/Beschreibung	Hinweise/Organisation

30

Spielen mit der Wand 1

Volleyball

Elementare Grundfertigkeiten an der Wand erlernen

Service/Aufschlag:
- Unterer oder oberer Aufschlag gegen die Wand. Variationen in Höhe, Stärke und Distanz zur Wand.
- Aufschlag gegen die Wand. Den zurückprallenden Ball mit Baggern ‚annehmen' und danach fangen.
- Aufschlag auf aufgehängte Ziele.

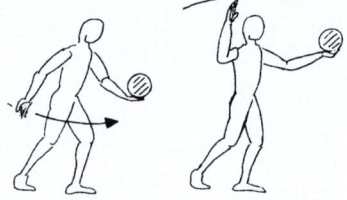

31

Spielen mit der Wand 2

Volleyball

Elementare Grundfertigkeiten an der Wand erlernen

Pritschen und Baggern:
- Den Ball hochwerfen und gegen die Wand pritschen bzw. baggern. Den zurückprallenden Ball fängt man zuerst. Später versucht man, den Ball fortlaufend gegen die Wand zu pritschen bzw. zu baggern. Wesentlich ist die ständige Konzentration und die Bereitschaft, den zurückprallenden Ball richtig anzunehmen.
- Abwechselnd den Ball mit Pritschen oder Baggern an die Wand spielen und vor der nächsten Ballannahme eine Zusatzaufgabe, z. B. in die Hände klatschen, Boden berühren etc., ausführen.
- Eigene Pritsch-Bagger-Kombinationen spielen.

32

Spielen mit der Wand 3

Volleyball

Elementare Grundfertigkeiten an der Wand erlernen

Schmettern/Smash:
- Den Ball mit einer Smashbewegung gegen die Wand schlagen. Zuerst den Ball mit der Gegenhand über Kopfhöhe halten und versuchen, den gehaltenen Ball gegen die Wand zu schlagen. Später wird der Ball aufgeworfen und der Schlag erfolgt aus der Luft.
- Auch aus dem leichten, beidbeinigen, Sprung an Ort erproben.
- Den Ball über den Boden an die Wand schlagen. Den zurückprallenden Ball zuerst fangen, später direkt aus der Luft wieder an die Wand schlagen. Auf die Schlagbewegung der Hand achten!
- Den zurückprallenden Ball zuerst mit Baggern hochspielen und wieder gegen die Wand schlagen.

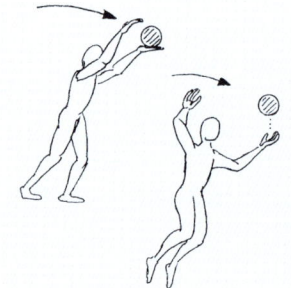

Nr.	Name der Spielform Ziele/Akzente	Idee/Beschreibung	Hinweise/Organisation

33

Spielen mit der Wand 4

Volleyball

Elementare Grundfertigkeiten an der Wand und am Netz erlernen

- Den Ball leicht gegen die Wand werfen. Den zurückspringenden Ball mit der offenen Hand (Handfläche oder Handrücken) hochspielen.
  Variation: Den zurückprallenden Ball zuerst mehrmals auf dem Boden aufspringen lassen.
- Den Ball ins Netz werfen. Den herausspringenden Ball fangen, mit einer Baggerbewegung annehmen oder mit der offenen, gespannten Hand hochspielen.

34

Wandkombinationen

Volleyball
Fußball

Elementare Grundfertigkeiten an der Wand erlernen

Sportspiel-übergreifend üben

Den Ball ,volley' an die Wand spielen, einmal aufprellen lassen, dann mit dem Fuß hoch gegen die Wand spielen. Den zurückprellenden Ball mit hohem Zuspiel wieder ,volley' an die Wand spielen. Den wiederum zurückprellenden Ball mit dem Fuß ,volley' zurückspielen usw.
- Eigene Kombination erfinden.
- Zu zweit: Wem gelingt es, die Kombination des anderen nachzumachen?
- Welche der beiden macht zuerst einen Fehler?
- Beide können 5 Fehler machen. Wer bleibt länger am Spielen?
- Eigene Formen, auch als kleine Wettspiele.

Nr.	Name der Spielform Ziele/Akzente	Idee/Beschreibung	Hinweise/Organisation

35

- A und B spielen sich den Ball aus mittlerer Distanz (4-5 m) jeweils nach einem Sternschritt (Schwung holen für das Zuspiel) mit Druck- und Kernwurf zu. Auch aus Prellen am Ort mit Kegelzuspiel erproben.

- A und B stehen sich in einer Distanz von ca. 8 m gegenüber. A dribbelt an die Position von B, B läuft an die Position von A. A passt nach Sternschrittdrehung zurück zu B (Schwung für den Pass aus der Drehung holen). Fortsetzen.

Verschiedene Spielformen

Basketball

Zuspiel in verschiedenen Varianten üben

- A und B bewegen sich frei in begrenztem Raum und passen sich den Ball zu. Vor dem Pass immer Orientierung zum Partner (entweder mit Sternschritt oder mit Prellen am Ort). Auch mit Erschwerung durch verteilte Kästen oder andere Hindernisse, die nicht überspielt werden dürfen.

- 3 bis 4 Paare mit je einem Ball bewegen sich in einem bestimmten Raum und prellen bzw. spielen sich ihre Bälle untereinander zu. Wichtig: Die Abstimmung der Zuspielhandlung auf den Partner bzw. das störungsfreie Anbieten des Partners zum Ballbesitzenden. Das Zusammenspiel der Paare ist nun dadurch erschwert, dass die Aktivität der einzelnen Paare nicht vorausschaubar ist und so jedes Paar (wegen der Anwesenheit eines imaginären Gegners) gezwungen ist, die Handlung der sich jeweils stellenden Situation anzupassen. Orientierung zum Ballbesitzenden. Freistehen, sich freilaufen, aus dem ,Schatten' des anderen Spielenden heraustreten. Die Ballannahmebereitschaft mit der Hand anzeigen. Wer den Ball besitzt, wartet mittels Sternschritt oder Prellen am Ort, bis der Zuspielweg frei ist.

Nr.	Name der Spielform Ziele/Akzente	Idee/Beschreibung	Hinweise/Organisation

36

Verschiedene Spielformen

Fußball

Elementare Zuspielformen mit aktiven Mitspielenden erproben

- Zwei Spielende spielen sich am Ort den Ball zu, Ballannahme mit dem einen und Zuspiel mit dem anderen Fuß (2 Ballkontakte).
- Direktes Zuspiel am Ort. Die Zuspieldistanz variieren. Durch offene Tore (Hüte, Malstäbe) passen.
- Der Ball wird vor dem Zuspiel in die Seitwärtsbewegung mit der Innen- oder Außenseite mitgenommen. Zuerst verschiebt sich nur ein Spieler. Später verschieben sich beide Spielenden. Zuspiele auch um Hüte oder durch offene Tore.
- Zwei Spielende laufen kreuz und quer auf engem oder weitem Raum und spielen sich den Ball mit dem Innen-, Voll- oder Außenrist zu.
  - Mit Annehmen und kurzem Führen des Balles.
  - Mit 2 Ballkontakten (Annahme/Abspiel).
  - Mit direktem Zuspiel.
  - Mit Doppelpass: A dribbelt, täuscht und spielt dann zu B. B spielt direkt zu A. A dribbelt weiter (nach gewisser Zeit Aufgabenwechsel).
  - Die Spielenden spielen den Ball frei nach eigenen Variationen.
- Zuspiel durch Tore: Jeweils zwei Spielende passen sich den Ball in Bewegung zu. Welches Paar spielt in 2 Minuten am meisten Pässe durch die verschiedenen offenen Tore? Nach jedem Pass muss das offene Tor gewechselt werden.
- 3 bis 4 Paare mit je einem Ball bewegen sich in einem bestimmten Raum, dribbeln und passen sich ihre Bälle einander zu.
  Wichtig: Die Abstimmung des Zuspiels auf den Partner bzw. das ,störungsfreie' Anbieten des Partners zum Ballbesitzenden. Das Zusammenspiel der Paare ist dadurch erschwert, dass die Aktivität der einzelnen Paare nicht voraussehbar ist und so jedes Paar (wegen der Anwesenheit eines imaginären Gegners) gezwungen ist, die Handlung der sich jeweils stellenden Situation anzupassen.

4

Nr.	Name der Spielform Ziele/Akzente	Idee/Beschreibung	Hinweise/Organisation

37

Verschiedene Spielformen

Handball

Elementare Zuspielformen mit aktiven Mitspielenden erproben

- Zwei Spielende stehen sich ca. 3–5 m gegenüber und spielen sich einen Ball zu. Einhändig (links und rechts abwechselnd); beidhändig über Kopf; beidhändig mit Druckwurf; mit einhändigem Schleuderwurf von der Seite; aus einbeinigem Absprung nach einmaligem Prellen (zwei oder drei Schritte); aus dem Prellen mit anschließendem Kegelwurf; mit Bodenpass usw.
  Zuerst am Ort stehen. Später mit Zusatzaufgaben (z. B. eine Linie berühren, Drehung etc.) Ziel: Ständig in Bewegung sein.
- A spielt den Ball zu B. B prellt mit dem Ball an die Stelle von A, dreht sich um und spielt den Ball zu A, der unterdessen an die Stelle von B gelaufen ist.
- A ist in Ballbesitz. B läuft in Richtung A, macht eine kurze Laufwegtäuschung und wird von A angespielt. A läuft an die Stelle von B, während B mit dem Ball an die ursprüngliche Stelle von A prellt. Rollenwechsel.
- A und B stehen sich gegenüber. A prellt um B herum zurück an seinen alten Platz und wirft mit Kern- oder Sprungwurf den Ball zu B. Fortsetzen.
- A und B spielen sich in einem vorbestimmten Raum fortlaufend den Ball zu (sich ständig in Bewegung halten, Orientierung zum Partner und zum Ball). Mit und ohne Prellen.
- 2–4 Paare mit je einem Ball bewegen sich in einem vorbestimmten Raum. Jedes Paar spielt sich einander den Ball auf verschiedene Arten zu. Wichtig: Die Abstimmung der Zuspiele auf den Partner bzw. das ‚störungsfreie' Anbieten des Partners zum Ballbesitzenden. Das Zusammenspiel der Paare wird dadurch erschwert, dass die Aktivität der einzelnen Paare nicht voraussehbar ist und so jedes Paar wegen der Anwesenheit eines imaginären Gegners gezwungen ist, die Handlung der sich jeweils stellenden Situation anzupassen.

Nr.	Name der Spielform Ziele/Akzente	Idee/Beschreibung	Hinweise/Organisation

38

- A und B stehen sich ca. 5–6 m gegenüber. Gezogenes oder kontrolliert geschlagenes Zuspiel (Vor-/Rückhand).
  - Nach der Ball-/Puckannahme eine ganze Drehung ausführen, bevor das Zuspiel zum Mitspielenden erfolgt.
  - Den Ball/Puck direkt (ohne Annahme) zurückspielen. Abstand zwischen den beiden Spielenden variieren.
  - Den Ball/Puck über ein Hindernis (Stock, Kastenteil) zuspielen.
  - Den Ball/Puck zwischen zwei Markierungen (Hüte, Malstäbe) hindurch zuspielen.
  - Den Ball/Puck mit der Rückhand annehmen und mit der Vorhand zurückspielen oder umgekehrt.

Verschiedene Spielformen

Hockey

Elementare Zuspielformen mit aktiven Mitspielenden erproben

- A und B versuchen, einander den Ball/Puck im Lauf zuzuspielen. Aufstellung nebeneinander, Distanz zwischen den beiden Spielenden ca. 4–5 m. Laufweg: Von Wand zu Wand in der Hallenbreite.
  - Zuerst den Ball/Puck annehmen, 2–3 Schritte dribbeln und erst dann zuspielen. Später auch mit direktem Zuspiel. Der Mitspieler passt seine Laufgeschwindigkeit derjenigen des Ballbesitzenden an!
  - Nach der Ball-/Puckannahme erfolgt ein Dribbling quer auf den Laufweg des Partners. Dieser kreuzt hinter dem dribbelnden Spieler auf dessen Laufweg.
- A und B spielen sich in einem vorbestimmten Raum ihren Ball/Puck in freien Variationen fortlaufend zu (Ständig in Bewegung sein, Orientierung zum Ball-/Puckbesitzenden).
- Zwei bis mehrere Paare spielen sich untereinander ihren Ball/Puck in einem bestimmten Raum zu. Jedes Paar stellt für die anderen Paare so genannte lebendige Hindernisse dar. Ziel ist es, den Puck, unabhängig der Aktivitäten der anderen Paare, genau zuspielen zu können.

4

Nr.	**Name der Spielform** Ziele/Akzente	Idee/Beschreibung	Hinweise/Organisation

39

Verschiedene Spielformen

Volleyball

Elementare Zuspielformen mit aktiven Mitspielenden erproben

- 2–4 Luftballons werden von zwei Spielenden mit verschiedenen Körperteilen in einem vorbestimmten Raum in der Luft gehalten. Es sollte kein Luftballon zu Boden fallen.
- Zwei Spielende versuchen, einen Strandball mit verschiedenen Körperteilen in einem vorbestimmten Raum in der Luft zu halten.
- Zwei Spielende stehen sich ca. 4–5 m gegenüber und versuchen, einander einen Softball zuzuspielen:
  - Mit dem Unterarm/Handrücken, links und rechts ('baggerartig').
  - Nach jedem Zuspiel muss jemand von beiden eine Linie berühren, in die Hocke gehen, sich drehen etc.
- Zwei Spielende versuchen, einen Volleyball oder Softball in einem bestimmten Raum ständig in der Luft zu halten.
  Wichtig: Ständig in Bewegung sein, den Ball hochspielen, sich jeweils nach dem anderen bzw. dem Ball orientieren.
- A wirft den Volleyball zu B. B pritscht oder baggert ihn so zu A zurück, dass dieser ihn wieder fangen kann.
  - A fängt den Ball nicht sofort, sondern versucht zuerst, ihn mit Pritschen oder Baggern sich selber hochzuspielen.
- A und B versuchen, sich den Ball auf einer Distanz von 3–5 m ständig mit Pritschen oder Baggern zuzuspielen.
  - Nach jedem Zuspiel eine Zusatzaufgabe wie Linie berühren, in die Hocke gehen oder sich am Ort drehen etc. ausführen.
- A und B versuchen, einen Volleyball in einem vorbestimmten Raum mit Pritschen und Baggern ständig in Bewegung zu halten.
  Wichtig: Sich ständig nach dem Ballbesitzenden orientieren und den Ball immer möglichst hoch zuspielen.
- Zwei bis drei Paare versuchen, ihren Ball in einem begrenzten Raum einander zuzuspielen. Bei Ballannahme führen beide zuerst ein Eigenzuspiel aus, bevor der Ball zum Mitspielenden gespielt wird.

Nr.	Name der Spielform Ziele/Akzente	Idee/Beschreibung	Hinweise/Organisation

40

- 5–10 Spielende prellen je einen Ball, 5–10 Spielende dribbeln mit je einem Ball am Fuß in einem vorbestimmten Raum. Auf Zuruf wechseln die Gruppen ihre Aktivitäten (mit oder ohne Ballwechsel).
- 5–10 Spielende dribbeln mit je einem Ball am Fuß, 5–10 Spielende halten je einen Luftballon mit verschiedenen Körperteilen in der Luft. Auf Zuruf werden die Aktivitäten gewechselt.
  Auch mit Volleybällen erproben. Beim Wechsel dürfen dabei die Volleybälle ein- bis zweimal auf dem Boden aufprallen.

Kombinationen

Für viele Spiele

Elementare Zuspielformen mit aktiven Mitspielenden erproben

- Eine Partei prellt, die andere Partei dribbelt mit ihren Bällen. Auf Zuruf gehen sie aufeinander zu, haken bei jemandem ein, führen eine (oder zwei) ganze Drehungen aus und wechseln danach die Aktivitäten.

- Eine Partei prellt, die andere dribbelt mit ihren Bällen. Auf Zuruf eines Spielenden einer Partei erfolgt Ballwechsel zwischen den Parteien (prellende Partei mit Zuspiel aus dem Sprung, dribbelnde Partei mit Zuspiel mit dem Fuß).
  Wichtig: Bei Zuruf stoppt die dribbelnde Partei den Ball.
  Bei all diesen Übungen sollen die vorbestimmten Räume immer wieder verändert werden (groß – klein, rund – viereckig etc.).

Es sind selbstverständlich auch andere Kombinationen möglich, die hier aufgeführten Variationen sind nur als Beispiele gedacht. Es ist auch möglich, die Aktivitäten zu zweit, also paarweise, auszuführen und so die Wechsel vorzunehmen.

Die Wechsel können sowohl auf akustische Zeichen (Zurufe) als auch auf optische Zeichen (z. B. Hand aufhalten) erfolgen.

Nr.	Name der Spielform Ziele/Akzente	Idee/Beschreibung	Hinweise/Organisation

41

Parteiball 1

Basketball

Variationen zum Thema Parteiball

Spielform zu dritt: Eine Dreiergruppe spielt sich den Ball in einem vorbestimmten Raum frei untereinander zu. Nach Ballannahme müssen Sternschritte ausgeführt werden, bevor weitergeprellt oder zugespielt werden darf.
Mitspielende zeigen ihre Bereitschaft, den Ball anzunehmen, mit der Hand an. Ständige Orientierung zum Ball.

42

Parteiball 2

Für viele Spiele

Schulung des Zusammenspiels

Eine Dreiergruppe (A, B, C) hat zwei vorbestimmte Spielräume. Grundsätzlich wird in einem Raum gespielt. Läuft A in den anderen (freien) Raum, wird A sofort angespielt. Nach dem Zuspiel wechseln auch die restlichen Spielenden des Teams zu A hinüber.

43

Parteiball 3

Für viele Spiele

Freilaufen
Anbieten
Rhythmisierung des Zusammenspiels

Mehrere Dreiergruppen mit je einem Ball spielen nebeneinander in einem vorbestimmten Raum (Orientierung zum Ball). Zuspiele innerhalb der Gruppen erfolgen nur dann, wenn die Passwege frei sind. Annahmebereitschaft mit der Hand anzeigen.
Basketball: Orientierung und Verzögerung der Ballabgabe mittels Sternschritt.

Nr.	Name der Spielform Ziele/Akzente	Idee/Beschreibung	Hinweise/Organisation

44

Spielformen zu Sechst 1

Basketball

Variationen zum Thema Parteiball

6 Spielende spielen den Ball in einem vorbestimmten Raum untereinander frei zu. Zuspiele immer nach Sternschritten ausführen.
6 Spielende spielen in einem vorbestimmten Raum 2–3 Bälle untereinander frei zu. Zuspiele immer nach Sternschritten ausführen. Ballannahme und Ballabgabe durch klare Kommunikation z. B. Zuruf oder Anzeige mit der Hand regeln. Raumgröße variieren.

4

45

Spielformen zu Sechst 2

Für viele Spiele

Schulung des Zusammenspiels

Zwei bis drei Sechsergruppen spielen in einem vorbestimmten Raum 2–3 Bälle untereinander frei zu. Eine sehr anspruchsvolle Übung, wobei die Aufmerksamkeit und das Erkennen der jeweiligen Situation von allen Spielenden hohe Anforderungen stellt.

46

Spielformen zu Sechst 3

Für viele Spiele

Freilaufen
Anbieten
Rhythmisierung des Zusammenspiels

Zwei Sechsergruppen spielen mit ihrem eigenen Ball an den beiden Hallenenden. Auf ein Signal beginnen sie von einem Hallenende auf die andere Seite zu traversieren. Dort angekommen kehren sie um und spielen wieder in die andere Richtung. Auch mit je zwei Bällen pro Gruppe bzw. mit 3 Gruppen gleichzeitig erproben.

Nr.	Name der Spielform Ziele/Akzente	Idee/Beschreibung	Hinweise/Organisation

47

Spielformen zu Dritt 1

Fußball

Schulung des Zusammenspiels

Eine Dreiergruppe spielt den Ball in einem vorbestimmten Raum untereinander frei zu. Bei der Ballannahme den Ball stoppen, sich orientieren, dabei den Ball kontrollieren, z. B. mit der Fußsohle hin und her bewegen und erst danach zuspielen. Auch mit freiem Dribbling im Raum. Immer erst Stoppen, dann Spielen.
Andere Spielende orientieren sich ständig zum Ball. Beim Dribbling können auch leichtere Täuschungen mit dem Ball ausgeführt werden. Auch mit direktem Zuspiel erproben.

48

Spielformen zu Dritt 2

Für viele Spiele

Freilaufen
Anbieten
Rhythmisierung des Zusammenspiels

Eine Gruppe spielt sich in einem bestimmten Raum den Ball zu. Nach mindestens fünf Zuspielen löst sich A in einen anderen Raum und fordert das Zuspiel, Spielverlagerung! Nach dem Zuspiel verschiebt sich die ganze Gruppe in den neuen Raum.

49

Spielformen zu Dritt 3

Für viele Spiele

Freilaufen
Anbieten
Rhythmisierung des Zusammenspiels

Zwei bis fünf Gruppen spielen je einen Ball in einem vorbestimmten Raum untereinander frei zu. Den Ball immer erst dann abspielen, wenn der Zuspielweg frei ist, d. h., keine Spielenden der anderen Gruppen im Passweg stehen. Verzögerung des Zuspiels durch Stoppen und durch spielerische Ballkontrolle am Ort. Raumgröße variieren.

Nr.	Name der Spielform Ziele/Akzente	Idee/Beschreibung	Hinweise/Organisation
50	**In Groß-Gruppen 1** *Fußball* Freilaufen Anbieten Rhythmisieren	Vier Spielende spielen sich den Ball in einem vorbestimmten Raum zu. Alle starten unmittelbar nach dem Abspiel in ein anderes Feld.	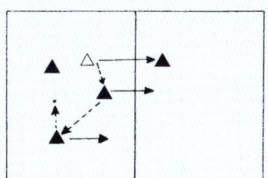
51	**In Groß-Gruppen 2** *Fußball* Freilaufen Anbieten Rhythmisieren	Eine Vierergruppe spielt sich den Ball in einem vorbestimmten Raum zu. Nach jedem Abspiel muss eine Zusatzaufgabe ausgeführt und sich danach sofort nach dem Ball orientiert werden, z. B. Wand, Linien berühren etc.	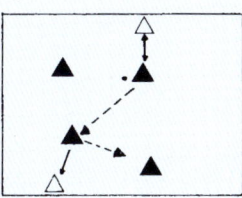
52	**In Groß-Gruppen 3** *Fußball* Freilaufen Anbieten Rhythmisieren	Eine Sechsergruppe spielt sich in einem vorbestimmten Raum 2–3 Bälle untereinander zu. Zuspiele durch Kommunikation wie Zuruf, Anzeigen der Annahmebereitschaft etc. einleiten bzw. durch Stoppen, spielerisches Kontrollieren des Balles am Ort verzögern. Vermeiden, dass mehrere Bälle gleichzeitig zu einem Spieler gespielt werden. • Sehr anspruchsvolle Form. Auch mit zwei bis drei Sechsergruppen nebeneinander.	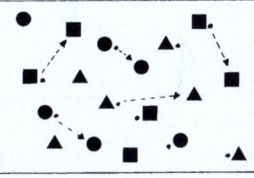
53	**In Groß-Gruppen 4** *Fußball* Freilaufen Anbieten Rhythmisieren	Zwei Sechsergruppen spielen, je einen Ball an den beiden Hallenenden, auch Hallenbreite möglich. Auf ein Signal beginnen sie, vom einen Hallenende zum anderen zu traversieren. Dort angekommen kehren sie um und spielen wieder zurück. Auch mit je zwei Bällen bzw. mit 3 Gruppen gleichzeitig erproben.	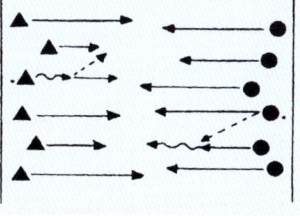

Nr.	Name der Spielform Ziele/Akzente	Idee/Beschreibung	Hinweise/Organisation

54

Spielformen zu Dritt 1
Handball

Schulung des
Zusammenspiels

Eine Dreiergruppe spielt sich den Ball in einem vorbestimmten Raum untereinander zu. Vor dem Zuspiel jeweils eine Laufwegtäuschung mit dem Ball ausführen. Orientierung immer nach dem Ball.

55

Spielformen zu Dritt 2
Handball

Schulung des
Zusammenspiels

Drei bis vier Dreiergruppen spielen mit ihren Bällen nebeneinander in einem vorbestimmten Raum. Die Passwege müssen immer frei sein. Zuspiel verzögern bis ein Passweg frei ist.

56

Spielformen zu Dritt 3
Handball

Schulung des
Zusammenspiels

Drei bis vier Dreiergruppen spielen mit ihren Bällen zwischen den beiden Halbkreislinien (Strafraumlinie – Freiwurflinie) nebeneinander. Nach einer bestimmten Anzahl von Zuspielen löst sich ein Spieler aus einer Dreiergruppe und läuft außerhalb der Freiwurflinie in den Rückraum, wird sofort angespielt und die ganze Gruppe folgt in den Rückraum, wo das Zusammenspiel fortgesetzt wird. Von hier aus erfolgt dann die Spielverlagerung in den Angriffsraum. Zuspielarten beliebig variieren.

57

In Groß-Gruppen 1
Handball

Eine Sechsergruppe spielt mit zwei Bällen im Halbkreisraum zwischen Strafraum- und Freiwurflinie. Bereitschaft zur Annahme des Balles mit der Hand oder durch Zuruf anzeigen. Ballabgabe je nach Situation durch Prellen bzw. Zuspieltäuschung verzögern.

58

In Groß-Gruppen 2
Handball

Schulung des
Zusammenspiels

Vier Spielende befinden sich außerhalb der Freiwurflinie und spielen sich den Ball großräumig mit ständigem Platzwechsel untereinander zu. Zwei befinden sich zwischen Strafraum- und Freiwurflinie. Sie laufen mit dem Rücken zur Strafraumlinie und signalisieren die Anspielbereitschaft mit Armheben und werden von den anderen 4 Mitspielenden abwechselnd angespielt. Sie spielen den Ball nach einer Körpertäuschung in den Rückraum zurück. Es können verschiedene Hindernisse wie Kästen, Malstäbe etc. in den Angriffsraum gestellt werden. Die zwei am Kreis weichen diesen Hindernissen aus und werden dann angespielt.

Nr.	Name der Spielform Ziele/Akzente	Idee/Beschreibung	Hinweise/Organisation
59	**In Groß-Gruppen 3** *Handball* Schulung des Zusammenspiels	Zwei bis drei Sechsergruppen spielen mit je einem Ball nebeneinander um den Strafraum herum. Vier spielen im Rückraum und zwei pro Gruppe am Kreis. Es gilt den lebendigen Hindernissen (die Spielenden der anderen Gruppen) geschickt auszuweichen, freie Zuspielwege zu schaffen und aus dem Rückraum die zwei am Kreis Spielenden in geeignetem Augenblick anzuspielen. Der ganze Raum um den Halbkreis soll genützt werden. Sehr anspruchsvolle Form: Mit zwei Bällen pro Gruppe erproben!	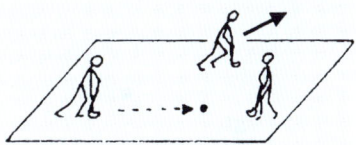
60	**Spielformen zu Dritt 1** *Hockey* Freilaufen Anbieten	Eine Dreiergruppe spielt sich den Ball / Puck in einem vorbestimmten Raum untereinander frei zu. Vor- und Rückhandzuspiele verwenden. Zuspiel nach kurzem Dribbling oder mit direkter gezogener Ballabgabe.	
61	**Spielformen zu Dritt 2** *Hockey* Freilaufen Anbieten	Eine Dreiergruppe spielt sich den Ball / Puck in einem vorbestimmten Raum untereinander frei zu. Nach einer Anzahl Zuspiele löst sich ein Spieler und läuft aus dem Raum hinaus. Er wird sofort angespielt und alle Spielenden verschieben sich in den neuen Raum. Fortgesetzter Raumwechsel.	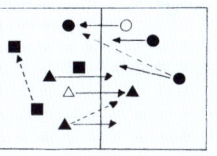
62	**Spielformen zu Dritt 3** *Hockey* Freilaufen Anbieten	Mehrere Dreiergruppen (zwei bis fünf) spielen in einem vorbestimmten Raum nebeneinander. Nach verschiedener Anzahl Zuspiele löst sich jemand in einen anderen Raum und wird sofort angespielt. Die anderen Spielenden aus der Gruppe folgen in den neuen Raum. Das Zusammenspiel wird fortgesetzt usw.	
63	**In Groß-Gruppen** *Hockey* Freilaufen Anbieten	Zwei Fünfergruppen spielen sich ihren Ball / Puck bei je einem Hallenende untereinander zu. Auf ein Signal traversieren sie mit Zuspielen und Dribblings in die andere Hallenhälfte. Lauf- und Passwege beachten; den lebendigen Hindernissen geschickt ausweichen. Die Situation erschweren mit mehreren Dreiergruppen, die gleichzeitig in der Hallenbreite traversieren.	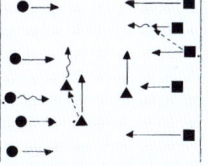

4

Nr.	Name der Spielform Ziele/Akzente	Idee/Beschreibung	Hinweise/Organisation
64	**Kleingruppe 1** *Volleyball* Orientierung	3–5 Spielende spielen einen Ball mit Pritschen, Baggern usw. in einem vorbestimmten Raum untereinander zu.	
65	**Kleingruppe 2** *Volleyball* Orientierung im Raum	Zwei Gruppen mit je 3–5 Spielenden befinden sich in zwei nebeneinander liegenden Räumen. Gruppe A spielt sich den Ball im eigenen Raum zu. Gruppe B läuft im anderen Raum und erledigt vorgeschriebene Zusatzaufgaben wie eine Linie berühren, absitzen, hochspringen usw. Nach vier bis fünf Zuspielen, spielt Gruppe A den Ball zu Gruppe B. Gruppe A führt die Zusatzaufgaben aus. Man kann auch zwischen den beiden Gruppen eine Leine, Volleyballnetz spannen (nicht zu niedrig). Der Ball muss hoch hinübergespielt werden.	
66	**Kleingruppe 3** *Volleyball* Orientierung	Zwei Vierergruppen mit je einem eigenen Ball versuchen, ihren Ball in einem vorbestimmten Raum ständig in der Luft zu halten. Alle Spielenden bewegen sich im Lauf durch den Raum und orientieren sich ständig nach dem Ball.	
67	**In Großgruppen 1** *Volleyball* Orientierung im Raum	Sechs Spielende versuchen, einen Ball in einem vorbestimmten Raum zu spielen. Alle Spielenden bewegen sich im Lauf durch den Raum und orientieren sich immer nach dem Ball. Variationen: Nach dem Zuspiel müssen alle eine Zusatzaufgabe ausführen z. B.: eine Linie berühren, absitzen, hochspringen usw. Schwierige Form: Mit 2 Bällen gleichzeitig.	
68	**In Großgruppen 2** *Volleyball* Orientierung im Raum	Zwei Sechsergruppen spielen mit je einem Ball in je einem Feld. Nach jedem Zuspiel wechselt der betreffende Spieler zur anderen Gruppe. Variation: Man kann die Gruppengröße auf drei Spielende reduzieren.	

5 Sportspielspezifisches Zusammenspiel unter Einbezug des Zielobjektes

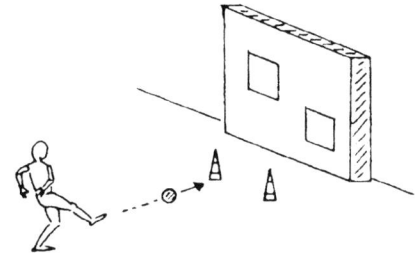

Ziele und Inhalte dieses Kapitels:

- Spielen mit dem Ball allein und mit einem Partner bzw. mit mehreren Partnern auf, über ein bzw. mehrere Zielobjekte erleben.
- Erste Erfahrungen mit dem Zielobjekt des Spiels sammeln.
- Durch Variation von Größe und Höhe der Zielobjekte bezüglich der Anordnung im Raum die Flexibilität, die Antizipation und eine „kreative", intuitive Spielhandlungsfähigkeit in Bezug auf das Zielspiel entwickeln und fördern.
- Durch einfache Wettspielformen die Spiel-Spannung erhöhen.
- Erstes „Zielobjekt" im Volleyball: Den Ball über etwas hinwegspielen.

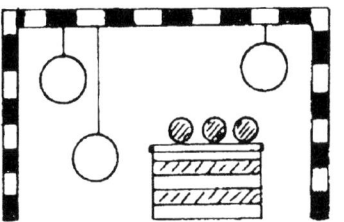

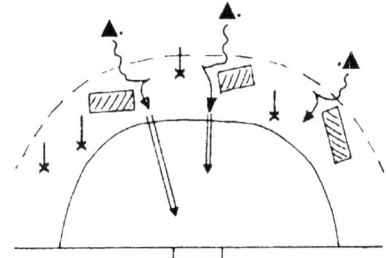

Nr.	Name der Spielform Ziele/Akzente	Idee/Beschreibung	Hinweise/Organisation
69	**Zielwürfe an die Wand** *Basketball* Treffsicherheit Umgang mit Bällen	Alle Spielenden prellen mit ihrem Ball Richtung Wand und werfen mit Korbleger oder Sprungwurf an die Wand (Aufstellung: Längsseite der Halle/Distanz zur Wand: ca. 5–6 m/Abstand zwischen den einzelnen Spielenden: ca. 1–2 m). An der Wand werden bestimmte Ziele markiert (oder bestehende verwendet). Den von der Wand zurückprallenden Ball möglichst im Sprung wieder fangen, einige Sternschritte ausführen und zur Anfangslinie zurückprellen etc.	
70	**Würfe auf den Korb 1** *Basketball* Reaktion Treffsicherheit	Drei bis vier Spielende prellen ihre Bälle in einem vorbestimmten Raum (z. B. außerhalb bzw. um das Trapez herum) vor einem Korb. In einer bestimmten Reihenfolge (oder auf Zuruf) prellt jemand auf den Korb zu, wirft mit Korbleger oder Sprungwurf auf den Korb, fängt den Ball im Sprung, macht einige Sternschritte und prellt mit dem Ball in den „Warteraum" zurück. Während der Wartezeit können verschiedene Prelltäuschungen etc. ausgeführt werden. Im Trapez können zudem verschiedene Hindernisse (Malstäbe, Kästen etc.) verteilt werden.	
71	**Würfe auf den Korb 2** *Basketball* Peripheres Sehen Reaktion	Drei bis vier Spielende prellen ihre Bälle frei im Trapez. Weitere drei bis vier prellen mit ihren Bällen um das Trapez herum, brechen in einer bestimmten Reihenfolge auf dem Korb durch, wobei sie den anderen, die im Trapez prellen, geschickt ausweichen müssen. Nach dem Korbwurf den Ball im Sprung fangen, Sternschritte ausführen und aus dem Trapez herausprellen (Rollentausch nach einer gewissen Zeit).	
72	**Würfe auf den Korb 3** *Basketball* Reaktion Antizipation Spielübersicht	Vier bis fünf Spielende prellen um das Trapez herum (z. B. an der Stirnseite des Trapezes). Von Zeit zu Zeit bricht jemand auf den Korb durch, wirft auf den Korb, fängt nach dem Korbwurf den Ball im Sprung, führt Sternschritte aus und prellt wieder in den „Warteraum" zurück. Der Durchbruch zum Korb erfolgt nur, wenn der Weg zum Korb frei ist (Verzögerung der Aktion bzw. schnelles Erfassen der Situation).	

Nr.	Name der Spielform Ziele/Akzente	Idee/Beschreibung	Hinweise/Organisation
73	**Torschuss** *Fußball* Sicherheit Schussvarianten	Bei der Wand sind Weichsprungmatten und/oder Turnmatten aufgestellt. Die Spielenden stehen mit dem Ball ca. 6–8 m vor der Wand. Aus dem Stand oder mit kurzem Anlauf schießen sie den „ruhenden" Ball mit Innen-, Voll- und Außenrist auf die Matten.	
74	**Zielschuss** *Fußball* Treffsicherheit	Auf den Matten sind Markierungen (z. B. Kreide, Magnesium usw.) angebracht oder vor den Matten Hüte oder Malstäbe als „Tore" aufgestellt. Ziel ist es, die Markierungen auf den Matten zu treffen bzw. durch die Zusatztore zu schießen. Variation: • Auch aus dem Dribbling (bewegter Ball) versuchen.	
75	**Torschuss aus Dribbling** *Fußball* Peripheres Sehen Genauigkeit Konzentration	Um das Feld herum sind Matten als Tore aufgestellt. Die Spielenden dribbeln frei in einem vorbestimmten Feld, schießen in festgelegter Reihenfolge oder nach Zuruf auf die Matten-Tore. Später aus freier Kombination, wobei die Schüsse verzögert werden müssen (Dribbling am Ort), wenn sich jemand im Schussfeld befindet.	

5

Nr.	Name der Spielform Ziele/Akzente	Idee/Beschreibung	Hinweise/Organisation

76

Wandball

Handball

Treffsicherheit

Bei der Wand sind Weichsprung- oder Turnmatten aufgestellt.
Die Spielenden stehen mit dem Ball ca. 8 m von der Wand entfernt.
Sie versuchen zuerst, aus dem Stand mit einem Schlagwurf die Matten
zu treffen. Zu Beginn nur aus der Vorschrittstellung (Rechtshänder:
linkes Bein vorne), später mit 2 Schritten Anlauf.
Variationen:
- Auf den Matten werden verschiedene Markierungen angebracht
  (z. B. mit Kreide / Magnesium) bzw. vor den Matten Medizinbälle
  aufgestellt. Die verschiedenen Ziele müssen nun getroffen werden.
- Mit Schlagwurf aus kurzem Anlauf (Rechtshändige: li – re – li).
- Wir versuchen, die Ziele aus dem Sprungwurf zu treffen. Anfänglich mit nur zwei Schritten „Angehen" (Rechtshänder: Vorschritt-
  stellung links, „Sprung" rechts – links; später mit 3 Schritten
  Anlauf).
- Wurf auch mit der schwächeren Hand.

77

Wurfgarten

Handball

Peripheres Sehen
Erfolgserlebnisse

Im Handballtor sind Reifen aufgehängt und Kästen mit Medizinbällen
aufgestellt. Die Spielenden prellen mit ihren Bällen außerhalb der
Freiwurflinie frei herum und führen dann zwischen Freiwurf- und
Kreislinie aus dem Prellen einen Schlag- bzw. Sprungwurf aus (aus
verschiedenen Winkeln aufs Tor werfen. Die Bälle erst holen, wenn
alle geworfen haben bzw. einen Ballbehälter benützen, wo man
immer wieder neue Bälle holen kann).
Im Raum zwischen Freiwurf- und Kreislinie sind zusätzliche Hindernisse
wie Malstäbe, Matten, Kästen etc. aufgestellt. Nun gilt es mit einer
Laufwegtäuschung mit dem Ball diesen Hindernissen auszuweichen
und danach aufs Tor zu werfen.
Variation:
- Vor der Freiwurflinie sind auch Hindernisse aufgestellt. Die
  Spielenden prellen um die Hindernisse herum. Auf Zuruf oder in
  einer bestimmten Reihenfolge brechen sie zum Wurf auf die im Tor
  aufgestellten Ziele durch.

Nr.	Name der Spielform Ziele/Akzente	Idee/Beschreibung	Hinweise/Organisation
78 **Jahrmarktschießen** *Hockey* Treffsicherheit Peripheres Sehen		Vor einer Wand sind Ziele wie Reifen, Medizinbälle, Matten, Kästen usw. aufgestellt. In ca. 8–10 m Entfernung liegen verschiedene Spielobjekte wie Bälle oder Pucks. Die Spielenden laufen auf die Spielobjekte zu und schießen mit Vor- und Rückhandschüssen auf die Zielobjekte. Erneut Spielobjekte hinlegen und erst am Schluss wieder einsammeln. Variationen: • Die Spielenden dribbeln mit ihren Spielobjekten auf eine 8–10 m von der Wand entfernten Markierung zu und schießen abwechselnd mit Vor- und Rückhandschüssen auf die Ziele. • Zuerst dribbelt man um die aufgestellten Hindernisse herum und schießt dann aus bestimmter Distanz auf die Ziele.	
79 **Torschussvarianten** *Hockey* Ball-/Puckführung Treffsicherheit		2–6 Spielende dribbeln mit dem Ball/Puck in einem bestimmten Raum, brechen von Zeit zu Zeit mit einem Dribbling aus diesem Raum aus und schießen aus einer bestimmten Entfernung auf ein Zielobjekt. Nach dem Schuss dribbeln sie wieder in ihren Raum zurück und setzen dort das Dribbling fort. Achtung: Das „Ausbrechen" muss ohne vorherige Absprache erfolgen. Ist schon jemand unterwegs, ziehen sich die anderen wieder dribbelnd in den Raum zurück. Die zurück Dribbelnden stellen für die anderen Spielenden „lebendige Hindernisse" dar.	
80 **Zuspielvarianten** *Volleyball* Ballgewandtheit Peripheres Sehen Reaktion		A spielt den Ball mit Volleyballgesten (Pritschen, Baggern, Service, Standschmetterschlag, Finte) in das gegnerische Feld. B fängt den Ball und spielt auf die gleiche Weise zurück. Evtl. eine Leine spannen. Variationen: • B fängt den Ball nicht mehr, sondern baggert sich den Ball einmal hoch und spielt dann mit verschiedenen Volleyballgesten zu A zurück. • A wirft oder prellt sich den Ball zu. B nennt oder zeigt A die Zone, in welche A den Ball mit einer Volleyballgeste spielen muss. • A spielt den Ball mit einer Volleyballgeste über das Netz. Steht B in der vorderen Hälfte des Feldes, so muss A in die hintere Hälfte spielen. • A spielt sich den Ball nahe am Netz senkrecht hoch und spielt ihn mit einem Zuspiel im Sprung, mit einer Finte oder sogar mit einem leichten Smash ins gegnerische Feld. B fängt den Ball und spielt ihn zurück.	

5

Nr.	Name der Spielform Ziele/Akzente	Idee/Beschreibung	Hinweise/Organisation

81

Korbwurf

Basketball

A wirft mit Stand- oder Sprungwurf von außerhalb des Trapezes auf den Korb. B versucht den abprallenden Ball in der Luft zu fangen (Rebound), prellt aus dem Trapez heraus und wirft seinerseits auf den Korb.

82

Durchbruch

Basketball

Zusammenspiel
Korbwurf

A und B bewegen sich außerhalb des Trapezes und spielen einander den Ball zu. Abwechselnd bricht A (bzw. B) prellend zum Korb durch und wirft. B holt den Rebound und spielt den Ball nach einer Stern-schrittdrehung zu A – inzwischen aus dem Trapez gelaufen – zurück.

83

2er-Rhythmus

Basketball

Zusammenspiel
Korbwurf

A steht bei der Freiwurflinie und spielt den Ball dem durchlaufenden B zu. B fängt den Ball, wirft nach 2 Schritten (2er-Rhythmus) auf den Korb und holt den Rebound. A entfernt sich ca. 3–4 m von der Freiwurflinie. B prellt zur Freiwurflinie zurück, stoppt, macht einige Sternschritte und spielt den Ball dem anlaufenden A zu: A wirft nach einem 2er-Rhythmus auf den Korb.

84

Rebound

Basketball

A und B spielen sich den Ball außerhalb des Trapezes zu. Bei Ballannah-me werden immer einige Sternschritte ausgeführt, bevor man zum Prellen oder zu einem Zuspiel ansetzt. Zwischendurch läuft abwechselnd der nicht ballbesitzende Spieler in das Trapez, wird vom Ballbesitzenden angespielt und wirft danach auf den Korb. Beide versuchen, den abprallenden Ball zu holen. Wenn A den Ball erwischt, werden einige Sternschritte ausgeführt, während B aus dem Trapez läuft. Dort wird B von A wieder angespielt.

Nr.	Name der Spielform Ziele/Akzente	Idee/Beschreibung	Hinweise/Organisation

85

Freier Weg
Basketball
Zusammenspiel
Orientierung
Peripheres Sehen

Drei bis vier Spielpaare spielen mit je einem Ball außerhalb des Trapezes und versuchen, nach einem Zuspiel oder aus dem Prellen heraus auf den Korb zu werfen.
Variationen:
• Die Spielpaare bestimmen den Zeitpunkt ihrer Korbversuche selber, d. h. wenn der Weg zum Korb frei ist (Schnelles Erfassen der Situation).
• Die Spielpaare haben drei Körbe (1 Hauptkorb, 2 Seitenkörbe) zur Verfügung. Sie spielen untereinander ihre Bälle frei zu und suchen immer einen freien Korb (= Spielverlagerung).

Seitenkorb   Seitenkorb
Hauptkorb

86

Pass-Spiel
Fußball
Qualität der Pässe

Zwei Spielende spielen sich den Ball in einem Abstand von ca. 6 m durch ein offenes Tor (2 Malstäbe, 2 Hüte usw.) zu. Den Ball immer zuerst annehmen bzw. stoppen und dann durch das offene Tor zurückspielen.
Variation:
Spiel mit 2 offenen Toren. Nach der Ballannahme dribbelt A zum zweiten Tor und spielt den Ball B zu.

87

Spiel-Verlagerung
Fußball
Qualität der Pässe

In einem vorbestimmten Raum sind mehrere offene Tore aufgestellt. Zwei Spielende spielen mit einem Ball in diesem Raum. Zuspiele dürfen nur durch diese offenen Tore erfolgen.
Variation:
3–4 Spielpaare spielen in diesem Raum. Es ist immer ein offenes Tor mehr als Spielpaare vorhanden. Freies Spiel mit Zuspielen durch diese Tore. Das Spiel der jeweiligen Situation anpassen: Es dürfen nicht gleichzeitig zwei Spielpaare das gleiche Tor benützen (Orientierung, Spielverlagerung).

5

Nr.	Name der Spielform Ziele/Akzente	Idee/Beschreibung	Hinweise/Organisation

88

Torschuss

Fußball

Vielfältige
Schussvarianten

2–4 Paare (mit je einem Ball) passen sich an Ort in einem bestimmten Raum den Ball zu. Nach einer gewissen Anzahl Pässe oder nach freier Wahl wird der Ball angenommen und nach kurzer Ballführung von einer Begrenzungslinie aus auf ein Torziel (z. B. an der Wand aufgestellte Matten, Kästen Langbänke usw.) geschossen.

89

**Dribbeln mit
Torschuss 1**

Fußball

Antizipation

2–4 Paare laufen in einem bestimmten Raum durcheinander und spielen sich ihren Ball zu (freistellen!). Sie können dabei je nach Situation auf ein Torziel (oder verschiedene Torziele) schießen. Nach dem Torschuss wird der Ball geholt und das Zusammenspiel im begrenzten Raum fortgesetzt. Die Torziele sind am Hallen- bzw. Spielfeldrand aufgestellt.

90

**Dribbeln mit
Torschuss 2**

Fußball

Orientierung
Zusammenspiel
Antizipation

An der Hallenlängsseite sind Langbänke aufgestellt. Zwei bis vier Spielpaare laufen von einer auf die andere Seite und schießen auf die Langbänke (Zuspiele, Torschüsse und Rhythmisierung der Aktionen der jeweiligen Situation und den anderen Spielpaaren anpassen).
Variation:
Als kleines Wettspiel. Welches Spielpaar hat zuerst 5 Tore (= Langbank getroffen) erzielt?

Nr.	Name der Spielform Ziele/Akzente	Idee/Beschreibung	Hinweise/Organisation

91

Zwei Spielende A und B spielen sich den Ball aus dem Stand, aus dem Sprung direkt oder über den Boden zu. Aus diesem Zusammenspiel heraus wirft A bzw. B auf ein Ziel (Markierungen, Matten an der Wand), das als Torersatz dient. Wirft A, dann holt B den Ball und setzt das Zusammenspiel fort.

Zuspiel und Torwurf

Handball

Zusammenspiel
Situation erfassen
Treffsicherheit

Variationen:
* Vor dem Zuspiel wird eine Laufwegtäuschung durchgeführt.
* A ohne Ball führt vor Ballannahme eine Laufwegtäuschung aus und erhält dann den Ball zugespielt, um den Wurf auszuführen (mit und ohne Prellen). Vor dem Torersatz wird eine Wurflinie (Distanz: ca. 5–6 m) bestimmt, die nicht übertreten werden darf.
* Es spielen mehrere Spielpaare in einem bestimmten Raum nebeneinander und werfen in einer vorbestimmten Reihenfolge oder nach freier Wahl. Der Weg zum Torersatz muss frei sein.

92

Im Torkreis sind verschiedene Hindernisse (Malstäbe, Hüte usw.) aufgestellt. 4–5 Spielpaare spielen mit ihrem Ball im Raum zwischen Freiwurf- und Kreislinie und werfen in einer bestimmten Reihenfolge, nach Zuruf oder nach freier Wahl auf das Tor (oder einen Torersatz). Achtung: Der Schussweg muss frei sein. Man soll den stehenden bzw. lebendigen Hindernissen geschickt ausweichen und immer nach freien Zuspielwegen suchen, aus dem Schatten der anderen Spielpaare heraustreten, sich freistellen und anbieten.

Freistellen

Handball

Zusammenspiel
Situation erfassen
Treffsicherheit

Variation:
* Die Spielpaare spielen außerhalb der Freiwurflinie. Zwischen Freiwurf- und Kreislinie sind zusätzlich Hindernisse aufgestellt. Dieser Raum darf nur mit einem Durchbruch betreten werden (Täuschungen anwenden).

Nr.	**Name der Spielform** Ziele/Akzente	Idee/Beschreibung	Hinweise/Organisation

93

Torschuss nach Zuspiel

Hockey

Kooperation

An der Wand sind verschiedene Zielobjekte wie Matten, Kästen oder Langbänke aufgestellt. Vor diesen Zielobjekten spielen sich zwei Spielende den Ball/Puck nebeneinander in freier Kombination zu und schießen abwechslungsweise auf diese Zielobjekte.
- Es darf nur aus einer bestimmten Entfernung auf die Zielobjekte geschossen werden.
- Es sind 3–4 Spielpaare, die sich ihren Ball/Puck nebeneinander zuspielen und in einer bestimmten Reihenfolge, nach Zuruf oder nach freier Wahl auf die Zielobjekte schießen. Achtung: Der Schussweg muss frei sein. Man soll sich immer wieder der jeweiligen Situation anpassen. Immer nach freien Zuspielwegen suchen, aus dem Schatten der anderen Spielerpaare heraustreten, sich immer freistellen und anbieten. Als zusätzliche Erschwerung können im Zuspielraum noch verschiedene Hindernisse aufgestellt werden.

94

Hindernis-Angfiff

Hockey

Zusammenspiel
Geschicklichkeit
Orientierung

Auf der Hallenlängsseite sind Langbänke, Kästen usw. als Ziele aufgestellt. Auf dem Spielfeld sind zusätzlich Hindernisse (Langbänke, Kästen, Kastenoberteile, Matten etc.) verteilt. Zwei Spielende wechseln von der einen auf die andere Hallenseite, indem sie sich den Ball/Puck in freier Kombination zuspielen und anschließend auf die Zielobjekte schiessen. Es gilt, den aufgestellten Hindernissen geschickt auszuweichen, sich freizustellen und anzubieten. Den geschossenen Ball/Puck schnell wieder annehmen und den „Gegenangriff" auslösen.

Variation:
- Zwei oder mehrere Spielpaare spielen gleichzeitig nebeneinander. Auf freie Schusswege achten!
- Als Wettspiel: Welches Spielerpaar hat zuerst 5 Zieltreffer erzielt. Spielregeln gemeinsam vereinbaren.

Nr.	Name der Spielform Ziele/Akzente	Idee/Beschreibung	Hinweise/Organisation

95

Flugbahnen

Volleyball

Reaktion
Genauigkeit

A steht mit Ball auf der einen Seite des Netzes. Auf der anderen Seite laufen B und C in einem bestimmten Raum kreuz und quer. A wirft den Ball übers Netz zu B oder C, die versuchen, den Ball nach drei Berührungen wieder zurück zu A zu spielen. Nach einer gewissen Anzahl Versuche werden die einzelnen Rollen gewechselt.
Variationen:
• A hat mehrere Bälle. Während B oder C ihren ersten Ball zurückspielen, wirft ihnen A sofort einen zweiten Ball zu.
• B und C bewegen sich mit dem Rücken zu A. Im Moment der Ballabgabe gibt A ein Zeichen, worauf B und C sich umdrehen und versuchen, den Ball anzunehmen. A kann auch das Zuwerfen variieren, indem beim Zurufen die verschiedene Varianten angegeben werden (z. B. kurz, lang, rechts, links etc.).

96

Zuspiel und Annahme

Volleyball

Annahmefertigkeit
Kooperation

Auf beiden Seiten des Netzes sind zwei Spielende A und B bzw. C und D. Gemeinsam versuchen sie, den Ball fortlaufend übers Netz zu spielen.

Variationen:
• Hat A den Ball hinübergespielt, drehen sich beide Spielenden dieses Teams. Auf Zuruf des anderen Teams (C bzw. D) drehen sie sich wieder um und versuchen, den zurückkommenden Ball anzunehmen.
• E kommt dazu und hat 3–4 Bälle. Bei Ballverlust wirft E einen Ersatzball ins Spiel und sammelt die anderen Bälle ein.
• Das Netz wird durch einen quergestellten Barren gebildet, zwischen dessen Holmen eine Weichsprungmatte gestellt wird. Die Matte versperrt die Sicht und erschwert dadurch die Ballannahme.
• Zwei Spielende spielen sich den Ball über eine Tabu-Zone zu (Grabenvolleyball).

Nr.	Name der Spielform Ziele/Akzente	Idee/Beschreibung	Hinweise/Organisation

97

Korb und Rebound

Basketball

Kooperation

Eine Dreiergruppe mit Ball bewegt sich frei unter dem Korb, prellt und spielt sich den Ball zu (sich mit Sternschritten orientieren). Die Bereitschaft zur Ballannahme wird mit der Hand angezeigt. Zwischendurch wirft ein Spieler auf den Korb. Dieser oder der am nächsten zum Korb stehende holt den Rebound. Die beiden anderen stellen sich seitlich vom Korb frei. Einer von ihnen wird angespielt und die Gruppe setzt ihr Zusammenspiel fort.

Variationen:
- Es muss um das Trapez herumgespielt werden. Dieses darf nur bei einem Durchbruch auf den Korb, zum Rebound oder nach einem Korberfolg betreten werden.
- Es spielen zwei bis vier Dreiergruppen frei unter dem Korb ,nebeneinander' (auf freie Zuspielwege und Wurfmöglichkeiten achten).

98

Angriffsauslösung Chaos

Basketball

Übersicht
Rücksicht

Eine Dreiergruppe spielt von einer Hallenseite auf die andere (Halle längs) und wirft auf den Korb oder einen Korbersatz. In der Halle können zusätzliche Hindernisse aufgestellt werden, welche die freie Kombination erschweren.

Variationen:
- Mit fester Raumzuteilung: A holt den Rebound, B und C laufen an die Seitenlinien (gleiche Höhe wie A). A verzögert das Abspiel auf B oder C mit Sternschritt oder Dribbling am Ort. B oder C prellen nun Richtung Spielfeldmitte. Die beiden anderen laufen an den Seitenlinien entlang nach vorne und bieten sich zum Korb hin an. Der Ballbesitzende macht ein Zuspiel auf einen der beiden, der danach auf den Korb wirft. Zuerst üben die Gruppen abwechselnd nur in eine Richtung. Hat die erste Gruppe die Mittellinie passiert, startet die zweite Gruppe usw. Nur ein Wurfversuch! Nach dem Rebound auf der Seite zurücktraben.
- Zwei bis vier Dreiergruppen spielen mit ihren Bällen ,nebeneinander'. Zuspiel- und Laufwege beachten. Rhythmus des Angriffsspiels der Situation anpassen. Das Prinzip bleibt immer dasselbe: Rebound, Seitpass, Ballvortrag in der Mitte, Pass nach außen, Lauf zum Korb, Korbwurf, Rebound.

Nr.	Name der Spielform Ziele/Akzente	Idee/Beschreibung	Hinweise/Organisation

99

Dreieckstor
Fußball
Übersicht

In einem vorbestimmten Raum steht in der Mitte in Dreiecksform ein Kleintor. 3–5 Spielende spielen frei mit einem Ball um das Kleintor herum und versuchen, von allen drei Seiten auf das Tor zu schießen.
Variation:
- Im Kleintor steht ein Torwart und versucht, die Schüsse abzuwehren. Die Gruppe probiert mit Spielverlagerung und Täuschungen, eine freie Seite des Dreiecks zum Torschuss zu nützen.
- Auch mit 2 Bällen.
- Welcher Torwart kann 5 Bälle in Serie abwehren?

100

Torvielfalt
Fußball
Kooperation

An der Wand sind verschiedene Torziele (z. B. Kästen, Medizinbälle, Matten usw.) aufgestellt. 3–4 Spielende lassen einen Ball zirkulieren und schießen aus einer Distanz von ca. 5–6 m auf diese Torziele (Ball schnell aus der ‚Schusszone' holen).
Achtung: Wenn Bälle geholt werden, darf nicht geschossen werden. Spielübersicht, Spielverzögerung und Zusammenspiel sind gefordert.
Variation:
Torschuss erst nach 3 Zuspielen. Welches Team hat zuerst 5 Tore erzielt?

101

Durcheinander
Fußball
Kooperation

An den Hallenstirnseiten sind Torziele aufgestellt. Zwei Gruppen mit 3–5 Spielenden starten von der Mitte aus einen Angriff auf je eine Hallenseite. Nach erfolgtem Torschuss wird sofort ein neuer Angriff auf die andere Seite gestartet.
Immer nach freien Zuspielwegen suchen, aus dem Schatten der Spielenden der anderen Gruppe laufen und sich anbieten.
Variation:
- Auch mit drei oder vier Gruppen gleichzeitig erproben.
- Auch als Wettspiel.

5

Nr.	Name der Spielform Ziele/Akzente	Idee/Beschreibung	Hinweise/Organisation

---

102

Angriff

Fußball

In Bewegung bleiben

Zwei Gruppen mit 3–5 Spielenden lassen einen Ball vor je einem Torraum zirkulieren. Auf ein Signal starten sie einen schnellen Angriff auf die im gegenüberliegenden Torraum aufgestellten Torziele.
Variation:
- Erschwerte Form: Mit drei Gruppen gleichzeitig. Die dritte Gruppe hat ihren Zuspiel- und Warteraum in der Spielfeldmitte (erfordert mehr Geschick, Übersicht und Konzentration).
- Wettspielvarianten erproben; Regeln gemeinsam bestimmen.

103

Schussvariationen

Handball

Technik

Drei Dreiergruppen spielen sich in einer begrenzten Zone um den Schusskreis herum den Ball zu. An der Wand werden verschiedene Ziele angebracht, oder es wird auf ein Handballtor mit verschiedenen Zielobjekten (Kasten, Reifen, Medizinbälle usw.) gespielt.
Aufgaben: Schuss auf Torersatz
- Aus freiem Spiel.
- Aus freiem Spiel, Abschluss mit einem Fallwurf (Matten in den Torkreis legen!).
- Aus freiem Spiel, Abschluss mit Sprungwurf aus dem Rückraum.
- Sprungwurf antäuschen und eine Person am Kreis anspielen, die abschließt.
- Aus freier Aufstellung.
- Aus bestimmter Aufstellung (Rollenverteilung) wie z. B. zwei im Rückraum und jemand am Kreis.
Achtung: Jede Gruppe hat einen Ballbehälter, aus dem sie immer neue Bälle holt. Später werden alle Bälle gemeinsam eingesammelt.

Variation:
- Die Zonen werden aufgehoben; man spielt ,neben- und durcheinander' um den gesamten Schusskreis herum.

Nr.	Name der Spielform Ziele/Akzente	Idee/Beschreibung	Hinweise/Organisation

104

Kreisspiel

Handball

Kooperation
Durchsetzungs-
vermögen

Zwei Fünfergruppen mit je einem Ball spielen vor dem Torraum. Zwei Spielende pro Gruppe (im Aufbau) bewegen sich im Rückraum, die anderen drei (zwei Flügel und ein Spieler am Kreis) um den Schuss-kreis. Nach einer freien Passfolge vor dem Kreis wird der Ball in den Rückraum gespielt. Die beiden im Aufbau spielen sich den Ball zu (evtl. mit Platzwechsel) und passen dann einem der drei anderen Mitspie-lenden den Ball zu. Dieser wirft aufs Tor (oder auf den Torersatz).
Variationen:
- Vor dem Torraum sind noch zusätzlich Hindernisse wie Kästen, Malstäbe usw. aufgestellt. Die Laufwege und Zuspiele müssen den stehenden und ‚lebendigen‘ Hindernissen angepasst werden.
- Im Rückraum sind drei im Aufbau und zwei am Kreis. Die Spieler im Aufbau gestalten das Spiel. Sie spielen einander den Ball zu, verlagern das Spielgeschehen und versuchen, die am Kreis Stehen-den anzuspielen.
- Im Raum zwischen Freiwurf- und Kreislinie sind nebeneinander zwei Weichsprungmatten (auf Mattenwagen oder zwischen zwei Barrenholmen) aufgestellt. Die Rückraumspielenden versuchen, mit Sprungwurf über die Matten aufs Tor oder Torersatz zu werfen oder die am Kreis Stehenden anzuspielen.

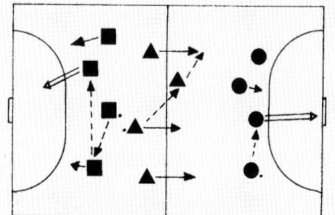

105

Gegenangriff

Handball

Schnelligkeit

Mehrere Gruppen mit je 3-4 Spielenden spielen gleichzeitig auf zwei Tore. Nach einem Wurf auf das eine erfolgt sofort ein Gegenangriff auf das andere Tor. Weite Pässe sind nicht erlaubt (Ersatzbälle für neue Gegenangriffe im Ballbehälter bereithalten).
Variationen:
- Man schließt den Gegenangriff nicht ab, sondern spielt zuerst 5 Pässe, bevor man aufs Tor bzw. auf den Torersatz schießt.
- Auch mit 3 Gruppen gleichzeitig erproben (3. Gruppe startet in der Mitte der Halle).
- Sobald ein Tor erzielt wird, müssen alle Teams ihren Platz wechseln. Der Tor-Treffer wird vom jeweiligen Spieler laut wie folgt quittiert: „Wechsel!".

5

Nr.	Name der Spielform Ziele/Akzente	Idee/Beschreibung	Hinweise/Organisation

106

Torschuss

Hockey

Kooperation
Übersicht

Zwei bis drei Dreiergruppen spielen sich ihren Ball / Puck in einem begrenzten Feld zu. Um das Feld herum sind 4 Kastendeckel als Torersatz aufgestellt. Bei günstiger und freier Schussbahn schiesst man auf den Torersatz. Anschliessend nimmt man den zurückprallenden Ball / Puck wieder an und setzt das freie Zusammenspiel im begrenzten Feld fort.

Variation:
- Nach erfolgtem Torschuss muss der Ball / Puck zuerst wieder um ein Hindernis oder durch ein offenes Tor in der Mitte des Spielfeldes gespielt werden, bevor der nächste Torschuss eingeleitet werden darf.
- Auch als Wettspiel.

107

**Dreierlauf
Kreuzen**

Hockey

Taktik
Spielverständnis

Kreuzen zu dritt: A ist zu Beginn mit Ball / Puck in der Mitte. A spielt zu B auf die rechte Seite und läuft hinter B durch auf die rechte Flügelseite. B nimmt den Ball / Puck an, dribbelt nach vorne in die Mitte, spielt zu C und läuft hinter C auf die linke Flügelseite. C dribbelt in die Mitte usw. Bei der Wand kehren die Spielenden um und setzen den Dreierlauf in die andere Richtung fort. Mehrere Gruppen spielen gleichzeitig (Halle quer).

Variationen:
- Dreierlauf längs: Mehrere Gruppen stehen auf der Stirnseite der Halle. Nach und nach starten sie mit Dreierlauf auf die andere Hallenseite. Wenn eine Gruppe die Mittellinie erreicht hat, startet die nächste Gruppe. Der Rückweg erfolgt entlang der Seitenlinien.
- An beiden Hallenenden starten jeweils zwei Dreiergruppen gleichzeitig. Der Dreierlauf wird mit einem Schuss auf einen Torersatz abgeschlossen. Auch mit drei und vier Dreiergruppen erproben. Dabei starten die dritte bzw. vierte Gruppe von der Hallenmitte aus in entgegengesetzter Richtung. Den ersten Dreierwechsel nicht zu weiträumig gestalten (sehr anspruchsvoll).

Nr.	Name der Spielform Ziele/Akzente	Idee/Beschreibung	Hinweise/Organisation

108

Drei bis vier Spielende spielen einander den Ball in einer Hälfte des Volleyballfeldes zu. Nach drei (oder mehr) Berührungen wird der Ball mit Baggern, Pritschen, mit einer Finte oder mit einem Schmetterschlag über das Netz gespielt. Hier sind bestimmte Ziele (z. B. Matten, Kästen usw.) aufgestellt. Aufgabe ist es, diese Ziele wahlweise zu treffen.

Ziel- und Zonenball

Volleyball

Spielübersicht
Reaktion
Peripheres Sehen

Variationen:
• Das zu treffende Ziel wird erst während des Zusammenspiels festgelegt (durch Zuruf von außen).
• Das gegnerische Feld ist in Zonen eingeteilt. Man muss den Ball in eine dieser Zonen spielen (auch mit Bestimmung der Zone erst während des Zusammenspiels).
• Das gegnerische Feld ist in Zonen eingeteilt. Zwei Spielende einer anderen Gruppe laufen in diesem Feld frei herum. Während des Zusammenspiels der ballbesitzenden Gruppe stoppen diese beiden in zwei Zonen, die dadurch ‚gesperrt' sind. Der Ball muss nun in eine der freien Zonen gespielt werden.

109

Zwei Gruppen mit vier Spielenden versuchen, den Ball im Spiel zu behalten. Nach maximal vier Berührungen muss der Ball übers Netz gespielt werden. Auch mit fünf oder sechs Spielenden pro Gruppe erproben.
Erschwerte Form: Mit der dritten Berührung wird der Ball über das Netz gespielt.

Knacknuss

Volleyball

Spielübersicht
Reaktion
Peripheres Sehen

Variationen:
• Nach Ausführung eines Zuspiels übers Netz rotieren die Spielenden um eine Position.
• Nach Ausführung eines Zuspiels übers Netz berühren die Spielenden die von ihnen entfernte Seiten- bzw. Grundlinie und stellen sich danach für die nächste Ballannahme bereit.
• Nach Ausführung eines Zuspiels übers Netz wechseln die Vorderen mit den Hinteren ihre Plätze.

6   Taktisches Spielverhalten gegen andere

Ziel und Inhalt dieses Kapitels:

• Die vorgängig gemachten Spielerfahrungen in einfachen
  Spielformen bzw. in vereinfachten, abgeänderten Formen der
  Sportspiele, erproben.

Es ist wie auf allen vorangehenden Stufen wesentlich, dass die
Spielenden behutsam auf das „Gegeneinander" herangeführt
werden, sei es im Hinblick auf die Angewöhnung an eine
schwierige Situation, auf die Fairness und auf das dialogische
Prinzip des Spielens um des Erlebens Willen.

Die Einsicht, dass mein Gegner auch mein Spielpartner ist,
ist eine wesentliche Voraussetzung für faires und freudvolles
Spielen.

Nr.	Name der Spielform Ziele/Akzente	Idee/Beschreibung	Hinweise/Organisation

110

Parteiball

Basketball

Zusammenspiel
Raumaufteilung

Ziele: Schulung Zusammenspiel/Freistellen/Freilaufen (Heraustreten aus dem Schatten der Verteidigenden). Weitere Möglichkeiten: Einführung Manndeckung, Foulregel, Sternschritt (als Übersicht, Beruhigung des Spiels), Täuschung des Gegners ohne Ball.
- Nebeneinander: Beide Mannschaften haben einen Ball und versuchen, diesen untereinander zuzuspielen, wobei die eine Mannschaft für die andere eine Art imaginären Gegner darstellt und damit spielähnliche Situationen schafft, in denen keine Mannschaft direkt von einem Gegner bedroht wird. Später zwei Bälle pro Mannschaft verwenden (Schulung der Übersicht bzw. des Timings des Zuspiels).
- Gegeneinander: Nur mit einem Ball. Das Spiel läuft auf Zeit (Rollenwechsel). Es können weitere Einschränkungen gemacht werden, z. B.:
  - Die nicht ballbesitzende Partei hält die Hände auf den Rücken.
  - Die nicht ballbesitzende Partei deckt nur die Passwege (wer den Ball besitzt, darf nicht angegriffen werden).
  - Die ballbesitzende Partei spielt mit 2 Bällen gleichzeitig.

111

Linienball

Basketball

Raumaufteilung
Zusammenspiel

Das Spiel kann auf eine Linie (wie Spiel auf einen Korb) oder auf zwei Linien (wie Spiel auf zwei Körbe) gespielt werden. Später können auf die Linien 3–4 Reifen gelegt werden, in die der Ball hineingelegt werden muss. Die Reifen können auch zusätzlich auf die Seitenlinien gelegt werden, damit das Spiel in räumlicher Hinsicht abwechslungsreicher wird. Es wird mit Manndeckung gespielt.
Bemerkungen:
Wenn jemand in der Verteidigung neben einem Reifen steht, so ist dieser gesperrt. Es werden die gleichen Zielsetzungen wie beim Parteiball angestrebt bzw. auf diese aufgebaut. Bei der Manndeckung können im Sinne des holländischen ‚Korfballspiels' feste Paare gebildet werden (mit oder ohne festem Spielraum) = Erleichterung des Zuspiels bzw. der Orientierung. Je nachdem können auch Rugby-Regeln verwendet werden: Ballvortrag nur mit Dribbling, Zuspiele nur rückwärts (Schulung des Durchbruchs mittels Dribbling bzw. nach Sternschritt. Stets mehr Reifen als angreifende Spielende verwenden!).

Nr.	Name der Spielform Ziele/Akzente	Idee/Beschreibung	Hinweise/Organisation

112

Reifenball

Basketball

Raumaufteilung
Orientierung

Eine Abwandlung des Linienballs, um Ansammlungen an der Linie bzw. vor den Reifen zu vermeiden und Weitwurfsituationen im Basketball zu simulieren. Zu den Reifen vom Linienball werden zusätzlich zwei Reifen ins Feld gelegt. Später legt man die Reifen so aus, dass basketballspezifische Raumsituationen geschaffen werden (z. B. 3-Punkte-Linie). Man kann auf einem Teilfeld (wie Spiel auf einen Korb) mit ständig wechselnden Rollen nach Punkterfolg bzw. Ballverlust oder auf dem ganzen Feld (wie Spiel auf zwei Körbe) spielen. Wenn jemand in der Verteidigung neben einem Reifen steht, so ist dieser gesperrt.

Wichtig: Immer ein Reifen mehr als Anzahl Spielende pro Mannschaft.

Variationen:
* Die Verteidigenden halten ihre Hände auf dem Rücken.
* Wer den Ball besitzt, darf nicht angegriffen werden (nur Passwege bzw. Reifen decken).
* Ohne Einschränkungen.

Bei allen Spielformen gilt die 3-Sek.-Regel sowohl für die Angreifenden wie auch für die Verteidigenden!
* Keine Zonendeckung!

113

Reifenball mit Korbbezug

Basketball

Wurfvereinfachung

Nebst den Reifen, die um das Trapez herum verteilt sind, wird der Korb bzw. das Brett als Zusatzzielobjekt verwendet. Auch das Treffen eines Therapie- oder Medizinballes auf dem Korb ist als zusätzliches Zielobjekt möglich.

Die Würfe sollten dem Basketballwurf entsprechen. Die 3-Sek.-Regel gilt für beide Parteien.

Variation:
* Spiel auf einen Korb und Reifen, bzw. auf zwei Körbe und Reifen.

Nr.	Name der Spielform Ziele/Akzente	Idee/Beschreibung	Hinweise/Organisation

114

Spiel mit Korbbezug
Basketball
Übersicht

Spiel auf 3 bzw. auf 6 Körbe.
Jede Mannschaft verteidigt 3 und greift auch auf 3 Körbe an.

115

Spiel mit Korbbezug
Basketball
Fair Play

Zwei Mannschaften spielen auf einen Korb. Die 3-Sek.-Regel gilt für beide Teams. Pro Angriff ist nur ein Wurfversuch erlaubt.
Varianten:
• Reifen als Zusatzzielobjekte verwenden.
• Wer den Ball besitzt, darf nicht angegriffen werden (nur Passwege decken).

116

Spiel mit Korbbezug
Basketball
Qualität

Zwei Mannschaften spielen auf einen Korb. Die 3-Sek.-Regel gilt für beide Teams. Korbwürfe bzw. saubere Korbwurfversuche an der 3-Pkt.-Linie zählen – sofern man frei bzw. ungedeckt steht – auch dann einen Punkt, wenn mindestens das Brett oder der Korbrand getroffen wird; bei „Volltreffer" 3 Punkte!
Achtung: Nur „saubere" Sprung- bzw. Standwürfe zählen. Qualität fördern!

117

Spiel
Basketball
Spiel auf einen bzw. zwei Körbe mit enger Deckung

Spiel auf einen Korb bzw. auf zwei Körbe:
Anhand der bisher gemachten Erfahrungen eines ‚Freeplays' wird gegeneinander gespielt. Manndeckung von der 3-Pkt.-Linie an oder in der eigenen Platzhälfte. Je nach Stand des Könnens gilt die 3-Sek.-Regel sowohl für die Angreifenden als auch für Verteidigenden.

118

3er-spiel
Basketball
Spiel mit 3 Teams auf zwei Körbe

Spiel mit drei Mannschaften auf zwei Körbe:
Mannschaft A beginnt mit einem Angriff gegen B. Nach Abschluss oder bei Ballverlust startet B einen Gegenangriff gegen C, danach greift C gegen A an.
Variante: Bei Korberfolg bleibt die betreffende Mannschaft im Ballbesitz und startet einen Angriff auf den anderen Korb.

Nr.	Name der Spielform Ziele/Akzente	Idee/Beschreibung	Hinweise/Organisation

119

Schnappball / Parteiball

Fußball

Stoppen/Passen

Spiel: Schnappball / Parteiball 2:2, 3:3, 4:4 oder 5:5, in einem abgegrenzten Feld. Die ballbesitzende Mannschaft versucht mit Hilfe von neutralen Zuspielenden im Feld oder an den Seitenlinien, den Ball in den eigenen Reihen zu halten (neutrale Zuspielende dürfen nicht angegriffen werden). Die gegnerische Mannschaft greift den Ballbesitzenden noch nicht direkt an, sondern deckt nur die Passwege, d. h. die Spielenden halten einen Mindestabstand zum Ballbesitzenden ein, so dass sich dieser nicht bedrängt fühlt und Zeit für die Ballkontrolle und das Abspiel hat.

120

Parteispiel 4 gegen 4 Auf 4 Tore

Fußball

Überzahlspiel

2 Teams von je 4 Spielenden spielen gegeneinander. Beide Teams verteidigen 3 Tore und können ihrerseits auf 4 Tore angreifen.
2 Spielende der abwehrenden Partei verteidigen jeweils im Feld (ca. 20 x 15 m), die beiden anderen übernehmen die Rolle eines Torwarts und verteidigen auf der Linie. So entsteht im Feld eine Überzahlsituation 4 gegen 2 zugunsten der Angreifenden. Nach Balleroberung durch das verteidigende Team wird dieses zum angreifenden Team. Da auch das gegnerische Team mit 2 Torhütern spielt, entsteht im Feld wiederum eine Überzahlsituation 4 gegen 2.
Variante: Vor dem Gegenangriff müssen jeweils 3 Pässe im Verteidigungsraum gespielt werden.

121

Ersatztore

Fußball

Orientierung im Raum

2 Gruppen mit je 3–4 Spielenden spielen gegeneinander auf drei Kleintore, die in der Mitte des Spielfeldes aufgestellt sind. Es wird ohne Torhüter gespielt. Tore können jeweils von beiden Seiten her erzielt werden (offene Tore). Ziel ist eine schnelle, der jeweiligen Situation entsprechende Spielverlagerung zu erreichen. Die verteidigende Gruppe darf nicht zum Zwecke der Verteidigung durch die Torräume auf die andere Seite hinüberlaufen.
Variante: Gruppe A greift auf einer Spielfeldhälfte an und verteidigt auf der anderen Seite. Der Ball darf aus dem Verteidigungs- ins Angriffsfeld weder durch noch über die Tore gespielt werden. Nach einem Torerfolg gibt es keinen Spielunterbruch.

6

Nr.	Name der Spielform Ziele/Akzente	Idee/Beschreibung	Hinweise/Organisation

122

Torregen

Fußball

Abbau der
Schussangst

Verlagerung des
Spielgeschehens

Spiel auf mehrere Torziele: 2 Gruppen mit 2–5 Spielenden spielen gegeneinander. Nebst dem eigentlichen Tor sind an den Seitenwänden noch Hilfstore (Matten, Kästen etc.) aufgestellt, wo zusätzlich Treffer erzielt werden können. Anfänglich sollten mehr Torziele als Verteidigende vorhanden sein. Später spielt man in einer Hallenhälfte nur noch auf 3 Torziele.

Variationen:
• Die Hilfstore werden durch stationär Spielende ersetzt. Das Anspielen dieser Spielenden gilt als Treffer.
• Die Hilfstore werden aufgehoben und durch 2 neutral Spielende ersetzt, die sich frei bewegen dürfen. Das Anspielen dieser gekennzeichneten Spielenden gilt auch als Treffer. Ziel ist es, das Spiel zu verlagern und eine Ansammlung vor dem Tor zu verhindern.
• Feldgröße variieren.

123

**Über- und
Unterzahl**

Fußball

Durchhalten und
schnell schalten

2 Gruppen mit je 5 Spielenden. Das Spielfeld wird in zwei Hälften geteilt. In einer Hälfte spielt Gruppe A mit fünf Spielenden gegen drei der Gruppe B. Die beiden anderen Spielenden der Gruppe B warten in der anderen Hälfte. Sobald Gruppe B in Ballbesitz kommt, erfolgt ein Zuspiel in die andere Hälfte zu den wartenden Spielenden ihrer Gruppe. Mit Ausnahme von 2 Spielenden der Gruppe A wechseln alle ins andere Feld, wo nun Gruppe B in Überzahl 5 gegen 3 spielen kann.

Variationen:
• Das Überzahlspiel wird auf ein offenes Tor auf der Mittellinie gespielt. Der Rollenwechsel (Angriff / Verteidigung) erfolgt jeweils nach Ballverlust oder nach einem Torerfolg.
• An beiden Feldenden befindet sich zusätzlich je ein Tor (oder Torersatz). Überzahlspiel 5 gegen 3 auf 2 Tore. Rollenwechsel erfolgt auch hier nach Ballverlust oder nach einem Torerfolg.

Nr.	Name der Spielform Ziele/Akzente	Idee/Beschreibung	Hinweise/Organisation

124

Chaos und freies Zuspiel

Handball

Zusammenspiel
Peripheres Sehen

Zwei Gruppen mit je drei bis fünf Spielenden und je einem Ball spielen ‚nebeneinander'. Bei fünf Spielenden zwei Bälle pro Gruppe verwenden.
Auch mit drei bis vier Gruppen erproben.
Variationen:
- Zuspiele auch mit der schwächeren Hand.
- Zuspielarten werden vorgegeben (von der Lehrperson oder vom Zuspielenden).

125

Parteiball gegeneinander

Handball

Zusammenspiel
Freilaufen
Manndeckung

Parteiball gegeneinander: 4er- bzw. 5er-Gruppen spielen in einem bestimmten Raum gegeneinander. Anfänglich verteidigt die eine Partei mit den Händen auf dem Rücken. Alle erhalten einen Gegner zugeteilt, welchen sie stören und verfolgen müssen. Rollenwechsel.
Variationen:
- Alle Spielenden decken ihre Gegner ‚aktiv'. Nur wer im Ballbesitz ist, wird nicht angegriffen. In einer späteren Phase darf auch (mit den Händen auf den Rücken) angegriffen werden, wer im Ballbesitz ist.
- ‚Normales' Parteiballspiel.
- Alle Variationen im Handball-spezifischen Raum um den Torkreis bzw. um die Freiwurflinie spielen. Die ganze Breite des Raumes nutzen.

126

Abgeänderter Linienball

Handball

Zusammenspiel
Peripheres Sehen

Es spielen 2 Gruppen mit 3–5 Spielenden gegeneinander. Es wird auf eine halbkreisförmige Linie gespielt. Dies kann z. B. die 3-Punkte-Linie (Basketball) oder der Torkreis (Handball) sein. Ziel ist es, den Ball hinter dieser Linie abzulegen. Ein Rollentausch erfolgt nach Ballverlust oder nach einem Torerfolg. Alle Spielenden decken sich gegenseitig.
Variation:
- 3–4 m vor der Ziellinie (oder auf der Freiwurflinie) werden 2–4 Reifen in Abständen hingelegt. Punkte können erzielt werden, wenn der Ball entweder hinter der Ziellinie abgelegt oder in einen der Reifen gelegt oder geprellt wird. Wenn jemand in der Verteidigung neben einem Reifen steht, so ist dieser gesperrt (stets mehr Reifen als Verteidigende verwenden).

6

Nr.	Name der Spielform Ziele/Akzente	Idee/Beschreibung	Hinweise/Organisation

127

Hindernis

Handball

Lücken erkennen
Durchbruch

Eine ‚Hindernis-Verteidigungs-Gruppe' mit 4–5 Spielenden stellt sich entlang des Torkreises auf und bewegt sich gemeinsam mit Nachstellschritten nach links und rechts (Verschieben sw/Rhythmisierung z. B. auf 4 Zeiten). Eine zweite Gruppe versucht, durch die entstehenden Lücken durchzubrechen und aufs Tor oder einen Torersatz zu werfen. Zuerst alle einzeln mit einem Ball, dann 2 oder 3 Spielende mit einem Ball. Nach einer Anzahl ‚Angriffe' erfolgt ein Rollenwechsel.

Variationen:
- Es sind 2 ‚Hindernis-Verteidigungs-Gruppen' vor dem Torkreis, die sich gleichzeitig seitwärts hin und her bzw. vorwärts-rückwärts verschieben (gegengleich). Auch hier erfolgt ein Rollenwechsel nach einer gewissen Zeit.
- Eine Verteidigungs-Gruppe versucht, mit den Händen auf dem Rücken die Durchbrechenden ‚aktiv' zu stören. Diese versuchen, durch Stoppen, Ausweichen, Laufwegtäuschungen oder Tempowechsel im Prellen durchzubrechen und aufs Tor oder einen Torersatz zu werfen.

128

Gegenstoß

Handball

Kooperation

3 Gruppen mit 3–4 Spielenden spielen gegeneinader. Zuerst greift Mannschaft A gegen Mannschaft B an (beliebige Passfolge). Nach einem Abschlussversuch startet Mannschaft B zu einem Gegenangriff gegen Mannschaft C, danach Mannschaft C gegen Mannschaft A usw. Die Verteidigenden haben zu Beginn jeweils ihre Hände auf dem Rücken. Der Gegenstoß wird durch jemanden (mit Ballbehälter) an der Mittellinie ausgelöst.

129

Wellenspiel

Handball

Zusammenspiel
Angriffsabschluss

3–4 Mannschaften mit 4–6 Spielenden spielen mit je einem Ball in einem bestimmten Raum (‚Warteraum') und starten dann in einer festgelegten Reihenfolge einen Gegenstoß auf das Tor (oder Torersatz) in der anderen Platzhälfte. Hat eine Mannschaft ihren Angriff abgeschlossen, so startet die nächste Mannschaft. Nach Angriffsabschluss läuft die betreffende Mannschaft durch das Spielfeld in den ‚Warteraum' zurück (Ball in der Hand!) und erschwert als ‚imaginärer Gegner' den Angriffsaufbau der nächsten Mannschaft.

Nr. Name der Spielform Ziele/Akzente	Idee/Beschreibung	Hinweise/Organisation

130

Dribbel-Chaos

Hockey

Durchdribbeln
Kooperation

4–5 Spielende einer Gruppe spielen mit zwei Pucks/Bällen in einem bestimmten Raum. Eine andere Gruppe mit 4–5 Spielenden versucht, mit einem Puck/Ball diesen Raum mit Freilaufen, Zuspielen und Dribbeln zu durchqueren und auf ein Tor (oder Torersatz) zu schießen. Nach einer gewissen Zeit Aufgabenwechsel.

131

Spiel auf 3 Tore

Hockey

Übersicht

In einer Hallenhälfte spielen 2 Mannschaften mit je 4–5 Spielenden gegeneinander auf 3 Tore, wobei ein Tor auf der Hallenstirnseite, die beiden anderen auf je einer Seite postiert sind. Ziel ist es, die Spielübersicht und die Fähigkeit zur Spielverlagerung zu schulen.

132

Lockvogel

Hockey

Spielverlagerung
Übersicht
Zusammenspiel

In einer Hallenhälfte spielen 2 Mannschaften mit je 4–5 Spielenden auf 4 Tore (oder Torersatz), die in den Ecken des Feldes postiert sind (jede Mannschaft verteidigt 2 Tore).
Variationen:
- Auf dem Spielfeld werden Räume bestimmt. Wenn jemand in einem solchen Raum angespielt werden kann, so gilt dies wie ein Torerfolg.
  Ziel: Herauslocken der Verteidigenden, Verlagerung des Spiels in bestimmte Rückräume, neue Angriffsauslösung bzw. Weitschusssituation.
- Wer den Puck oder Ball führt, darf nicht angegriffen werden. Es werden nur die Passwege bzw. Torräume verteidigt.
- Spiel auf dem Großfeld (ganze Halle).
- Auch drei Zielobjekte (Tore/Torersatz) pro Mannschaft möglich. Dabei kann die Variante mit den Zusatzräumen aufgehoben werden.

Nr.	Name der Spielform Ziele/Akzente	Idee/Beschreibung	Hinweise/Organisation

133

3-Punkte-Volley

Volleyball

Zusammenspiel

Spiel 2:2 bis 6:6
Dabei erhält jede Mannschaft so viele Punkte, wie Zuspiele innerhalb der eigenen Mannschaft ausgeführt werden können (3 Zuspiele = 3 Punkte, 2 Zuspiele = 2 Punkte).

134

Rotieren 1

Volleyball

Andere Rotationsform

Spiel 4:4 bis 6:6
Die Vorderen und Hinteren rotieren getrennt, so dass alle Spielenden einen Satz lang als Angriffs- oder Rückraumspielende agieren können.

135

Rotieren 2

Volleyball

Rotationssicherheit

Spiel 4:4 bis 6:6
Nachdem eine Mannschaft den Ball übers Netz gespielt hat, müssen alle Spielenden dieser Mannschaft ein bis zwei Positionen im Uhrzeigersinn rotieren.

136

Kastenball

Volleyball

Spiel unter Druck

Spiel 3:3 bis 6:6
Jede Mannschaft besitzt einen Ballkasten. Wenn eine Mannschaft einen Fehler begeht, so wird ihr aus ihrem Ballkasten durch einen Auswechselspieler sofort ein neuer Ball zugeworfen, damit das Spiel fortgesetzt werden kann. Bei welcher Mannschaft reicht der ‚Ballvorrat' länger?

137

David gegen Goliath

Volleyball

Raumaufteilung
Kooperation

2, 3 , 4 oder 5 Spielende spielen gegen eine ganze Mannschaft.
Variation:
Die Lehrperson spielt allein gegen eine Mannschaft von 3–6 Spielenden. Dabei darf sie den Ball 3x hintereinander berühren bzw. sich selber zuspielen, z. B. Bagger – Pritschen – Smashen.

7 Sportspiele in einfachen und schulgemäßen Formen (Spielregeln)

Ziel und Inhalt dieses Kapitels:

• Vorschläge für Regelanwendung und Regelauslegung für die Zählweise bei Sportspielen in der Schule, insbesondere in Anlehnung an den vorliegenden Spiel-Lehrgang.

Vereinfachte Spielregeln:
Zusammenfassung der wichtigsten Spielregeln für Basketball, Streetball, Handball, Fußball, Unihockey, Volleyball (Mini-Volleyball und Beachvolleyball), Badminton, Tchoukball, Tischtennis unter
http://www.sportunterricht.ch/spielregeln

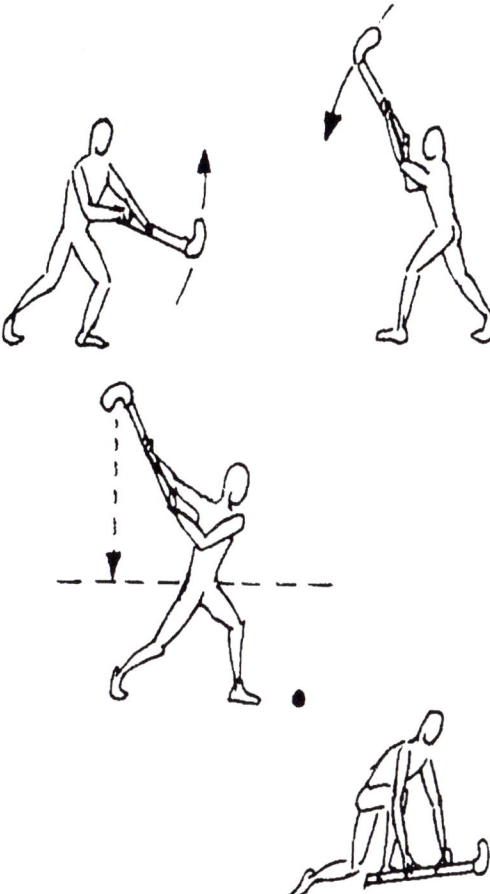

Fouls, z. B. beim Hockeyspiel

Basketball

Anfänglich sollte das Basketballspiel in der freien Spielgestaltung des „free plays" gespielt werden. Die systematische Organisation einer Raumaufteilung ist noch von sekundärer Bedeutung. Allerdings ist es empfehlenswert, mit einer einfachen ‚naiven' Systematik den Schülern gewisse räumliche Stellungsprobleme des Angriffs und der Verteidigung aufzuzeigen. In der Regel sollte eine Mannverteidigung angewendet werden. Als Faustregel gilt: Der Verteidiger steht immer zwischen Angreifer und Korb, wobei er sowohl den Gegner als auch die Position des Balles beobachten sollte. Vor dem Beginn eines Dribblings sollte der Abstand des Verteidigers zum Angreifer ca. 1,5–2 m betragen (Gefahr des Durchbrechens, Foul). Hat der Angreifer das Dribbling beendet, soll der Verteidiger eine enge Deckung anwenden (Stören bei der Ballabgabe, keine Durchbruchgefahr).

Für die Angreifer sollte man bestimmte räumliche Positionen bezeichnen, die sie während ihrer Angriffsgestaltung (Positionsangriff) immer wieder besetzen sollen. Eine mögliche Angriffsaufstellung könnte eine Art 2-1-2-Einteilung sein (2 Ballverteiler, 1 Center, 2 Flügel). Die Aufgabe der Ballverteiler ist es, das Spiel zu gestalten; sie können aber auch Weitwürfe ausführen bzw. bei günstiger Situation zum Korb durchbrechen. Die beiden Flügel versuchen, die Verteidiger vom Korb wegzulocken (Weitwürfe) oder mit angetäuschten Weitwürfen zum Korb durchzubrechen bzw. den Center anzuspielen. Flügel und Center sind für den Angriffs-Rebound (Abpraller vom Korb) verantwortlich. Der Center spielt eine Art Verteilercenter (Post-Center). Er sollte seine Mitspieler zu günstigen Wurfpositionen verhelfen (geschicktes Zuspielen), kann aber auch bei entsprechender Situation auf den Korb werfen (3-Sek.-Regel).

Empfehlungen zur Feldgröße:

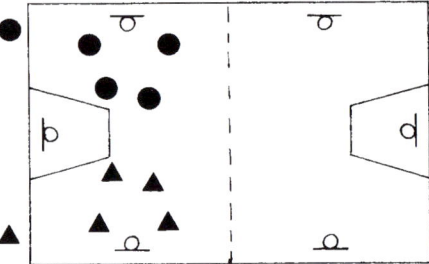

Da häufig auf zu kleinen Felder gespielt werden muss (meistens quer zur Halle und zudem bis unmittelbar an die Wand), sollte man folgende Regelanpassungen vornehmen:

- Ein- und Abwurf mit einem Fuß an der Wand und „Verteidigerabstand'.
- Kein Rückspielverbot über die Mittellinie.
- Nach Möglichkeit keine normalen Mannschaftsgrößen (mit Vorteil beispielsweise 4:4 mit je einem Auswechselspieler).

Regelanpassungen für die Schule:

- Keine 10-Sek.-/30-Sek.-Regeln anwenden. Sie sind unnötig, da das Spiel ohnehin zielorientiert ist.
- Keine Freiwürfe ausführen lassen; es kommt zu einer zu langen Unterbrechung, und die Trefferquote ist meistens zu klein.
  Vorschlag: Bei einem Foul: 1 Punkt für die Mannschaft des Gefoulten und Ballbesitz bzw. Einwurf bei der Mittellinie.

Vereinfachte Spielregeln:
www.sportunterricht.ch/Spielregeln

Fußball

Spielräume und Spielerzahl:

Zustand, Größe und Beschaffenheit einer Spielanlage sind grundlegende Voraussetzungen für eine optimale Spielgestaltung. Wenn man einmal vergleicht, dass eine Großraumhalle von 40 m x 20 m nicht größer ist als der Strafraum eines Normalspielfeldes, wird man erkennen, wie viele Varianten ein Sportplatz im Freien bietet. Bei der Wahl der Spielräume ist darauf zu achten, dass sie dem Alter und der Spielfähigkeit der Spieler angepasst sind und spieltaktisch überschaubar bleiben.

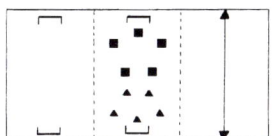 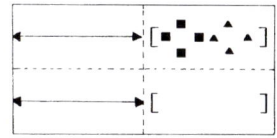

„Sonderspielregeln" für Turniere und Spiele in der Halle:

- Die Abseitsregel ist aufgehoben.
- Der Strafraum entspricht etwa dem Handballwurfkreis (6 m).
- Alle Freistöße sind indirekt auszuführen.
  Der Sicherheitsabstand beträgt etwa 2 bis 3 m.
- Anstelle von Eckstößen können auch Strafstöße verhängt werden:
  3 Eckstöße = 1 Strafstoß.
- Geht der Ball ins Seitenaus, so ist das Spiel durch ‚Einrollen' mit der Hand oder mit einem Fußpass (Freistoß) fortzusetzen. Allerdings sollte die Aus-Regel soweit als möglich aufgehoben und die Wände in das Spiel einbezogen werden. Sofern möglich sollte das indirekte Spiel mit den Seitenbanden gesucht werden.

- Berührt der Ball die Hallendecke, ist das Spiel mit einem Freistoß fortzusetzen.
- Der Torhüter darf den Ball nur innerhalb eines bestimmten Raumes (Handball-Schusskreis) mit den Händen spielen.
- Wird mit der Wand hinter den Toren gespielt, so wird der Ball, der das Tornetz berührt oder von der Wand her durch das offene Tor ins Feld zurückspringt, dem Torhüter bzw. der verteidigenden Mannschaft aus Gründen der Spielberuhigung zugesprochen.
- Beim Anstoß kann der Ball in jede Richtung gespielt werden.
- Ein Tor ist erst erzielt, wenn der Ball mit seinem ganzen Umfang die Torlinie am Boden oder in der Luft überschritten hat.

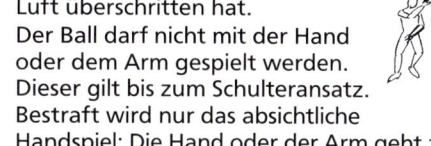

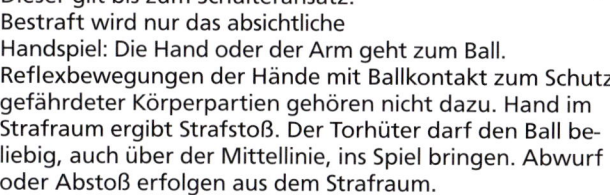

- Der Ball darf nicht mit der Hand oder dem Arm gespielt werden. Dieser gilt bis zum Schulteransatz. Bestraft wird nur das absichtliche Handspiel: Die Hand oder der Arm geht zum Ball. Reflexbewegungen der Hände mit Ballkontakt zum Schutz gefährdeter Körperpartien gehören nicht dazu. Hand im Strafraum ergibt Strafstoß. Der Torhüter darf den Ball beliebig, auch über der Mittellinie, ins Spiel bringen. Abwurf oder Abstoß erfolgen aus dem Strafraum.
- Foulspiel oder gefährliches Spiel ist mit indirektem Freistoß zu ahnden. Dazu gehören z. B. Sperren ohne Ball, hohes Bein (wenn der Gegner in der Nähe steht), Behinderung des Torhüters, Stoßen, Aufstützen, Unterlaufen etc.). Korrektes Rempeln ist erlaubt, d. h. das Abdrängen im Kampf um den Ball, Schulter an Schulter mit angelegtem Ellbogen. Foul im Strafraum gibt Strafstoß.

Vereinfachte Spielregeln:
www.sportunterricht.ch/Spielregeln

7

Handball

Gewisse räumliche Positionen sollten gekennzeichnet werden. Damit können die Spieler ihre Grundaufstellung für ihre Verteidigungs- und Angriffsgestaltung übersichtlicher organisieren. Bei 6 Feldspielern sollte eine Art 3-2-1-Angriffsaufstellung (Rückraumspieler, Flügel, Kreisläufer) eingenommen werden.

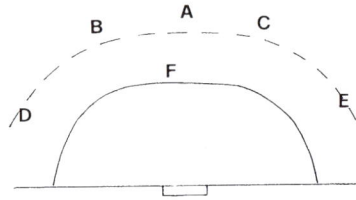

Bei kleineren Hallen mit 5 Feldspielern sollte eine 2-2-1-Aufstellung mit analoger Aufgaben- und Positionsverteilung erfolgen. Die Rückraumspieler sollten das Spiel gestalten, indem sie die Bälle verteilen und dadurch das Spiel verlagern. Außerdem sollten sie auch in der Lage sein, Würfen aus der ‚zweiten Linie' zu tätigen bzw. den Kreisläufer anzuspielen oder nach einer Wurftäuschung einen Durchbruch zum Kreis auszuführen. Die Flügelspieler sollten die Außenpositionen besetzt halten, um die gegnerische Verteidigungsstellung weiter aufzureißen. Damit können Angriffskorridore für direkte und indirekte Aktionen geschaffen werden. Der Kreisläufer versucht, sich am Kreis in eine günstige Wurfposition zu bringen oder in der gegnerischen Verteidigung für die Durchbrüche seiner Mitspieler Lücken zu schaffen. Diese Form des Spiels sollte man mit möglichst wenig Einschränkungen dem Spielfluss überlassen.

Erlaubt ist:

- Den Ball unter Benutzung von Händen, Armen, Kopf, Rumpf, Oberschenkel und Knie in jeder beliebigen Art und Richtung zu werfen, schlagen, stoßen, fausten, stoppen und fangen.
- Den Ball höchstens 3 Sekunden zu halten, auch wenn dieser auf dem Boden liegt.

- Sich mit dem gehaltenen Ball höchstens 3 Schritte zu bewegen.

Verboten ist:

- Den Ball mit Unterschenkel oder Fuß zu berühren, außer er wird von einem Gegner angeworfen.
- Dem Gegner den gefassten Ball mit einer oder beiden Händen zu entreißen oder wegzuschlagen.
- Den Gegner mit Armen, Händen oder Beinen zu sperren, festzuklammern, zu schlagen, zu stoßen, anzurennen, anzuspringen, ihm das Bein zu stellen oder ihn auf andere Weise zu gefährden.

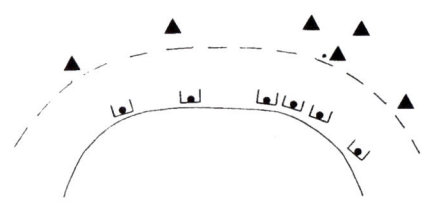

Bei groben Verstößen oder bei regelwidrigem Vereiteln einer klaren Torgelegenheit ist ein 7-m-Wurf (Siebenmeter = Strafstoß) zu geben. Auf Siebenmeter ist zudem zu entscheiden, wenn ein Feldspieler absichtlich und zum deutlichen Zwecke der Abwehr den eigenen Torraum betritt, ebenso bei absichtlichem Spielen des Balles in den eigenen Torraum.

Bei der Ausführung eines Freiwurfes von der Freiwurflinie aus dürfen die Spieler der angreifenden Mannschaft die Freiwurflinie weder berühren noch überschreiten.

Vereinfachte Spielregeln:
www.sportunterricht.ch/Spielregeln

Hockey

Die recht freie Spielweise bei den verschiedensten Formen des Hockeyspiels in der Schule ist auch ein Grund für die steigende Beliebtheit bei den Spielenden. Trotz dieser Tatsache sollte der Versuch unternommen werden, eine gewisse Systematik in der Spielgestaltung zu fördern. Vor allem die Aufteilung im Spiel sollte den Spielern am Anfang aufgezeigt werden. Eine mögliche Spielform dafür wäre das so genannte Positions-hockeyspiel. Die nachfolgende Grafik zeigt eine solche Hockey-spielform.

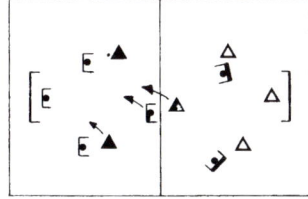

Das Spielfeld ist durch die Mittellinie für jede Mannschaft in eine Angriffs- bzw. Verteidigungshälfte getrennt. In jeder Hälfte spielen ein Verteidiger- und Angreiferpaar gegenei-nander. Ein weiterer Spieler beider Mannschaften darf sich je nach Spielsituation in der einen oder anderen Spielfeldhälfte aufhalten. Dadurch können gewisse Ansammlungen vor den Toren vermieden, und es kommt eine übersichtlichere Spielwei-se zustande.

Material:
Zur Ausführung des Spiels existieren verschiedene Spielgeräte und Spielobjekte, die aber in der Spielqualität Unterschiede bewirken. Es ist vor allem darauf zu achten, dass sich der Stock-schaft unter Belastung nicht durchbiegen lässt. Das schulge-mäße Spiel im Hockey verzichtet auf die Schutzkleidung! Als Tore oder Zielobjekte dienen Kästen, Kastendeckel, Hürden, Verkehrshüte, Malstäbe usw.

Spielregeln:
Durch die vielfältigen Spielgeräte bestehen keine verbindlichen Regeln, obwohl es sie im Unihockey oder Landhockey gibt. Es liegt in der (Fach-)Kompetenz der Lehrkraft, die Regeln so zu definieren, dass keine Verletzungsgefahr besteht.

Wichtigste Regeln:
- Der Stock darf nicht über Hüfthöhe geführt werden.
- Mit dem Stock dürfen keine Schläge von unten und oben ausgeführt werden.

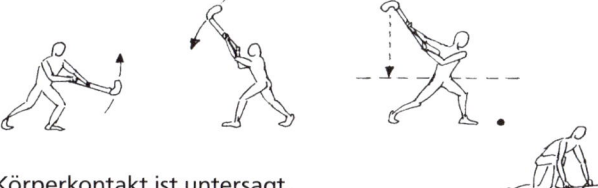

- Körperkontakt ist untersagt.
- Vor allem mit dem Plastikpuck dürfen keine hohen Schüsse zur Anwendung kommen.
- Geschlagene Schüsse sind verboten.
- Grobe Verstöße können mit Zeitstrafen geahndet werden.
- Der Torhüter darf den Stock nicht auf den Boden legen.
- Der Torhüter darf sich nicht auf den Boden legen.

Diese Aufzählung erhebt keinen Anspruch auf Vollständigkeit, hat sich aber in der Praxis bewährt. Zudem soll der Schiedsrich-ter mit seinem entschlossenen Auftreten die ,Leitplanken' für unerwünschte Aggressionen sehr eng setzen.

Spielfeldgröße:
Das Spiel ist überhaupt nicht an eine festgelegte Größe des Feldes gebunden. Mit kleinen Feldern können mehrere Mann-schaften gleichzeitig spielen, was die Intensität erhöht.

Vereinfachte Spielregeln:
www.sportunterricht.ch/Spielregeln

Volleyball

Im Volleyball sollte am Anfang ein bewegliches System verwendet werden, damit mehr ballorientierte Bewegung auf dem Feld entsteht. Aus diesem Grund empfehlen wir, bei der Service-Annahme eine doppelte Zuspieler-Position zu schaffen. Je nach Annahme des Balles kann ein Spieler links oder rechts am Netz als Steller angespielt werden, von dem aus dann der weitere Angriff ausgelöst wird. Die Grundaufstellung dafür ist auf der nachfolgenden Grafik ersichtlich. Auf diese Art können die (Service)-Bälle, die bei Anfängern oft in der Mitte des Feldes und in Netznähe platziert werden, gut angenommen und zu einem der Steller nach links oder nach rechts gespielt werden (Drehung zum Ball!). Damit wird eine Aktivierung aller Spieler bei der Ballannahme erreicht, weil sich alle, der entstehenden Situation entsprechend, immer wieder situativ und weniger starr verhalten müssen.

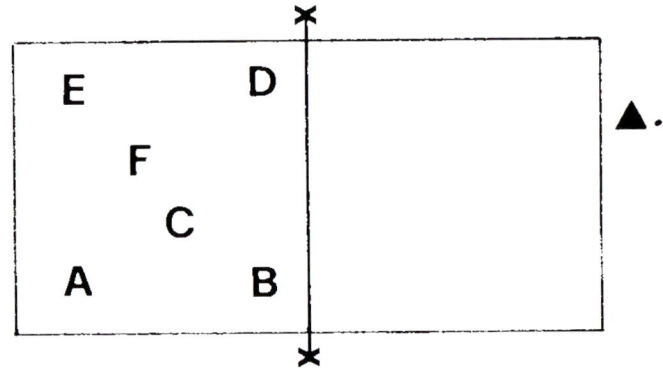

Mögliche Variationen in der Zählweise:

- Ein Spieler ist Joker; seine Punkte zählen doppelt.

- Alle Punkte der ‚Verlierermannschaft' zählen so lange doppelt, bis sie die ‚Siegermannschaft' eingeholt hat (z. B. bei großem Leistungsunterschied)

- Beim ersten Anspiel erhält die Mannschaft einen Punkt, beim zweiten Anspiel des gleichen Spielers zwei, beim dritten drei usw. (Betonung des Anschlags).

Vereinfachte Spielregeln:
www.sportunterricht.ch/Spielregeln

Das Spiel-Lernkonzept „auf einen Blick"

Allein	Zu zweit	In Gruppen

Allein	Zu zweit	In Gruppen
• für mich allein	• miteinander	• miteinander
• neben anderen	• nebeneinander	• nebeneinander
• gegen andere	• gegeneinander	• gegeneinander

Dieses Spiel-Lern-Konzept* allein, zu zweit und in Gruppen mit den Varianten miteinander, nebeneinander und gegeneinander kann als Orientierungshilfe bei der Vermittlung von Sportspielen dienen (vgl. Kap. 2-5). Der Einstieg kann, je nach Absicht und Können, irgendwo erfolgen (vgl. dazu das GAG-Prinzip im Band 1020 Spiel- und Übungsformen im Kinderfußball).

(* in Anlehnung an die Schweizerische Lehrmittelreihe „Sporterziehung")

Sport-Lektionen planen mit der CD
VIA 1000: gezielt – einfach – schnell

VIA – der Weg

„VIA 1000" besteht aus Spiel- und Übungsformen, die nach bestimmten Kriterien gesucht, geordnet, zu Lektionen zusammengestellt und schließlich ausgedruckt werden können. Dieses System erleichtert die mühsame Suche nach Spiel- und Übungsformen und ermöglicht Kombinationen innerhalb verschiedener Sportfachbereiche.

Der Herausgeber der Buchreihe „1000 Spiel- und Übungsformen in verschiedenen Sportarten", Walter Bucher, hat diese Idee zusammen mit dem Hofmann-Verlag in Schorndorf in den vergangenen Jahren schrittweise realisiert.

Wie geht's?

1. Freischaltnummer(n) anfordern

Es können eine oder mehrere Freischaltungen der Bücher angefordert und mittels der entsprechenden Seriennummer geöffnet werden. Auch sind zusätzliche Freischaltungen zu einem späteren Zeitpunkt möglich. Die Titel müssen jeweils separat mit einer Freischaltnummer, die Sie zusammen mit der Rechnung erhalten, aktiviert werden. Je Titel werden € 30.–/sFr. 50.– berechnet. Da die Freischaltung von Fußball aus drei Büchern besteht, wird hierfür € 50.–/sFr. 80.– berechnet.

Zu folgenden Themen gibt es ein VIA-Programm:

Aufwärmen, Leichtathletik, Gerätturnen, Fußball, Volleyball, Golf, Schwimmen, Sport mit Behinderten

2. Suchkriterien anklicken

In allen Bänden gelten als Basis dieselben drei Suchkriterien: V – I – A (= Suchweg).

Voraussetzungen: Situation, Material, Zielgruppe, Organisation ... z. B. Halle, im Freien, mit Partner ... plus sportfachspezifische Voraussetzungen z. B. für Fußball, Schwimmen, Gerätturnen, Leichtathletik, usw.

Inhalte / Idee: Allgemeine Tätigkeiten wie Laufen, Hüpfen, Dehnen ... oder sportfachspezifische Tätigkeiten im Schwimmen (z. B. Kraul), im Volleyball (z. B. Oberes Zuspiel), im Gerätturnen (z. B. Klettern) und im Golf (z. B. Aufwärmen und Einspielen).

Akzent: Mögliche Aktzentuierungen aus:
- 6 Sinnrichtungen wie z. B. „erfahren und entdecken" oder „üben und leisten" usw.
- 3 koordinative Anforderungen (gering – mittel – hoch)
- 3 konditionelle Belastungen (gering – mittel – hoch)
- 3 Lehr-Lernformen (fremd-, mit- oder selbstbestimmt)

3. Entscheiden – ausdrucken – umsetzen

Nach Eingabe ausgewählter Suchkriterien und durch Anklicken präsentiert der PC eine ganze Palette passender Spiel- und Übungsformen, exakt zugeschnitten auf individuelle Wünsche.

Zu jedem Buch eine eigene Suchmaske

Gezielt vorbereiten heißt, die Voraussetzung abklären, die Inhalte festlegen und letztlich gewünschte Akzente setzen.

Dies ist mit Hilfe der Suchmaske – z. B. für Fußball, siehe S. 83 nebenan – gezielt, einfach und schnell möglich.

Bezugsquelle Schweiz: bupro@bluewin.ch
Bezugsquelle Deutschland: bestellung@hofmann-verlag.de

So sieht die Suchmaske für Fußball am PC-Bildschirm aus　　　　**Entscheiden – ausdrucken – umsetzen!**

So einfach:

Gewünschte
Kriterien

ANKLICKEN

SORTIEREN

AUSDRUCKEN!

Das Spiel(-Training)
kann beginnen.

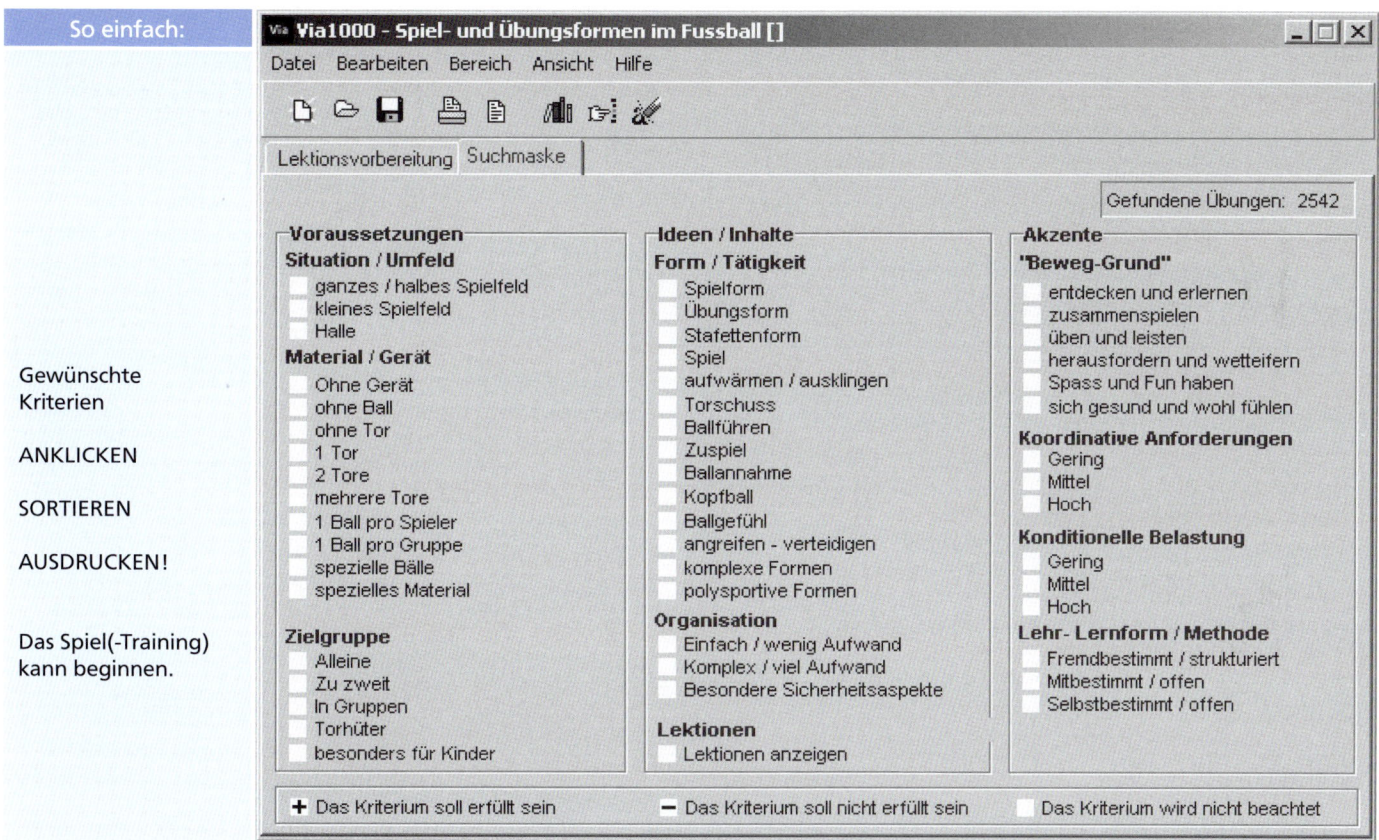

Via **Via1000 – Spiel- und Übungsformen im Fussball []**　　　　　　　_ □ ✕

Datei　Bearbeiten　Bereich　Ansicht　Hilfe

Lektionsvorbereitung　Suchmaske

Gefundene Übungen: 2542

Voraussetzungen
Situation / Umfeld
- ganzes / halbes Spielfeld
- kleines Spielfeld
- Halle

Material / Gerät
- Ohne Gerät
- ohne Ball
- ohne Tor
- 1 Tor
- 2 Tore
- mehrere Tore
- 1 Ball pro Spieler
- 1 Ball pro Gruppe
- spezielle Bälle
- spezielles Material

Zielgruppe
- Alleine
- Zu zweit
- In Gruppen
- Torhüter
- besonders für Kinder

Ideen / Inhalte
Form / Tätigkeit
- Spielform
- Übungsform
- Stafettenform
- Spiel
- aufwärmen / ausklingen
- Torschuss
- Ballführen
- Zuspiel
- Ballannahme
- Kopfball
- Ballgefühl
- angreifen - verteidigen
- komplexe Formen
- polysportive Formen

Organisation
- Einfach / wenig Aufwand
- Komplex / viel Aufwand
- Besondere Sicherheitsaspekte

Lektionen
- Lektionen anzeigen

Akzente
"Beweg-Grund"
- entdecken und erlernen
- zusammenspielen
- üben und leisten
- herausfordern und wetteifern
- Spass und Fun haben
- sich gesund und wohl fühlen

Koordinative Anforderungen
- Gering
- Mittel
- Hoch

Konditionelle Belastung
- Gering
- Mittel
- Hoch

Lehr- Lernform / Methode
- Fremdbestimmt / strukturiert
- Mitbestimmt / offen
- Selbstbestimmt / offen

+ Das Kriterium soll erfüllt sein　　　**–** Das Kriterium soll nicht erfüllt sein　　　☐ Das Kriterium wird nicht beachtet

Verwendete und weiterführende Literatur

Bucher, W. (Projektleiter) Schweizerisches Lehrmittel
  Sporterziehung Bände 1–6. Bern 2005

  Bezug:
  Deutschland: bestellung@hofmann-verlag.de
  Schweiz: lehrmittelverlag@lmv.zh.ch

Bucher, W. (Hrsg.): Reihe Spiel- und Übungsformen: 1005 … im
  Volleyball, 1006 … im Basketball, 704 … im Handball, 1007 …
  im Eislaufen und Eishockey, 1009 … im Fußball, 766 … für den
  Fußballtorhüter, 1020 … im Kinderfußball, 1015 … Kombinati-
  onsformen (mit Unihockey), 777 … für Anfänger.
  Schorndorf 1985–2008

  Bezug:
  Deutschland: bestellung@hofmann-verlag.de
  Schweiz: bupro@bluewin.ch oder im Buchhandel